Aníbal

Un testimonio de vida…

Livia Ortiz

Este es un relato sencillo y conmovedor de un hombre que es privado de su libertad y pasa gran parte de su vida encerrado en una cárcel sin merecerlo; afrontando situaciones inusitadas que se presentan durante su estadía en ese lugar.

Su experiencia que en un principio se torna caótica y llena de altibajos, al final se convierte en una lección de vida que él asume de manera positiva enmendando los errores que había cometido en el pasado y asumiendo su existencia con una visión distinta.

Es un texto que habla de vivencias muy similares a las que todos enfrentamos diariamente y sin duda muchas personas se sentirán identificadas con la historia de Aníbal Contreras; que no es otra cosa que un testimonio de vida que busca alentar a todos los que están encerrados en una prisión o en la jaula de su propia alma, a buscar una salida, una luz al final del túnel que todos podemos encontrar si luchamos por alcanzarla...!

DEDICATORIA

"Esta es una ofrenda al amor que siempre triunfa aunque tarde mucho tiempo en llegar la victoria"

Para mi Príncipe con ricitos que me enseñó a superar situaciones difíciles sin desesperarme, que siempre le encuentra el lado amable a todo y nunca se quita el traje esquivo de la paciencia; para ti explorador de sueños y de cielos infinitos mis sentimientos más impenitentes e indisciplinados, que no han dejado de pertenecerte y te alcanzan todos los días vayas donde vayas...!

Te amo Alternacho...!

CONTENIDO

I

Deshilando mi pesadilla

Hoy es 14 de julio de 1972, en 4 días cumpliré 30 años y con seguridad los celebraré aquí, en esta fría celda que se ha convertido en mi hogar desde hace unas pocas semanas. Ya revisé incrédulo el calendario una y otra vez, pues me parece irónico y hasta absurdo que una fecha tan feliz pueda celebrarse en medio de tanta soledad. Estoy triste, es imposible no sentirse triste en este lugar, pero yo procuro no acostumbrarme; estoy seguro que muy pronto van a revisar mi caso y mi abogado de turno con todas las pruebas que ha recopilado a mi favor conseguirá demostrar mi inocencia. Me han dicho que todo me acusa, que van a darme 20 años como mínimo y que es inútil defenderme, pero yo insisto porque mi libertad es algo por lo que lucharía hasta el último minuto de mi vida. En este sitio es horrible despertar y descubrir que hasta para ver el sol tengo que pedir permiso; solo nos dejan ir al patio unas cuantas horas al día, cuando el guardián está de buen humor y en un alarde de compasión acepta tenernos allí como ratones atrapados en una madriguera, disfrutando un momento de supuesto esparcimiento; pero atados con cadenas y tan custodiados que la salida resulta ser más torturante que la misma celda. Nos vigilan con una atención perturbadora, como si pudiéramos fugarnos por una de esas ventanas minúsculas que construyeron en la parte más alta de estas paredes enmohecidas y lastimadas por el paso del tiempo. Aun así, en medio de tantas sensaciones desagradables disfruto mucho ver el cielo cuando antes no me importaban cosas tan elementales como esa; ahora miro fijamente ese amplio agujero en el techo rodeado de innumerables tejas traslucidas, que tiene forma circular y que esta remachado con alambre de púas y cables electrizados para que nadie intente huir por ahí, aunque el mero intento cause escalofríos. Estoy observando anonadado las aves que de vez en cuando cruzan por ese pequeño espacio y parecen danzar a su propio ritmo, las nubes de diferentes formas y los rayos del sol que le dan energía a mis huesos entumecidos y cansados; todo lo veo a través de ese minúsculo paisaje celestial que parece mágico y pintado por artistas distintos; pues la imagen nunca es la misma y siempre hay algo nuevo por descubrir. En este lugar convivimos hombres y mujeres aunque en pabellones distintos; solo nos permiten integrarnos en la cafetería en los horarios establecidos para comer y si queremos ir al edificio donde habitan las damas, tenemos que solicitar un permiso especial al director explicando los motivos, mientras 3 o 4 guardias nos custodian. Me divierte divisar el firmamento, disfruto todo en cámara lenta, en silencio, como si la imaginación pudiera sacarme de ahí ignorando el bullicio de mis compañeros; escucho alrededor muchas voces que hablan de mil cosas, que para mí ya dejaron de ser cotidianas, pero que otros insisten en traer a la memoria para vivir un poco de lo que ya no tienen. Puedo sentir los sollozos de algunas mujeres recordando sus hijos y mencionando sin parar sus nombres como si evocarlos les provocaran un ataque de euforia o de locura; aquí es común ver a la gente abatida, frustrada, amargada, con la mirada perdida intentando rescatar todo lo que fueron antes de entrar en este infierno y yo estoy en ese grupo, me cuesta trabajo sonreír, aunque llevo poco tiempo viviendo esta pesadilla.

Soy Aníbal Contreras, uno más en la interminable lista de inocentes privados de su libertad, por estar en el momento equivocado, en el lugar incorrecto y sin armas para alegar su propia defensa. Hace poco empezó mi calvario, cuando me encontraba en el parque del pueblo donde nací y del que nunca salí ni siquiera en época de vacaciones, que tiene un nombre tan raro que nunca pude pronunciar de manera correcta y del que tengo buenas y malas evocaciones. Heredé los ojos verdes de mi madre o por lo menos eso decía la gente, me gusta llevar el cabello largo a la altura de los hombros, tiene rizos, es oscuro y lucía bien a pesar de mi descuido; es una verdadera lástima que me lo hubieran cortado al estilo militar en cuanto llegué a este lugar; soy alto, trigueño y todavía puedo ver mis músculos bien formados resultado de esos días de entrenamiento en el improvisado gimnasio , que un alcalde de la época construyo en un parque cerca de mi casa. Recuerdo con dificultad el día que empezó esta historia, llovía copiosamente y a mí no me importaba sentirme empapado en medio de ese diluvio; estaba tan drogado y tan borracho que no me daba cuenta de lo que sucedía a mi alrededor, había consumido vicio y no contento con eso me había tomado dos botellas de ron de mala calidad que me robé en una tienda de barrio la noche anterior, después de amenazar el propietario. Estaba allí sentado en una silla de cemento ubicada en un extremo del pequeño parque donde los enamorados acostumbraban a tener largas conversaciones al tiempo que se daban muestras de afecto; pues el ambiente romántico lo aportaba un viejo árbol que con sus amplias y frondosas ramas le brindaba un aire de frescura al lugar en los días más calurosos del verano. Pero ese día el parque estaba raramente solitario, tal vez porque la gente había buscado refugio lejos de allí huyendo del tórrido aguacero o quizás el destino estaba poniendo todas las fichas en su lugar para conducirme a un triste destino. El hecho es, que en medio de mis constantes alucinaciones pude ver a dos hombres aproximándose hacia el lugar donde yo me encontraba y en pocos minutos estaban tan cerca de mí, que uno de ellos me empujó sin querer mientras forcejeaba con su acompañante; discutían de forma acalorada y con voracidad, aunque nunca entendí por qué lo hacían y solo escuchaba palabras soeces. Luego, en cuestión de segundos vi como uno de ellos caía al piso malherido justo cerca de mis pies; mientras el hombre que le disparó huyo en medio de la noche aprovechando la soledad del lugar y el ruido ensordecedor de la lluvia cayendo sobre el pavimento. Pasó un corto lapso de tiempo y aquel hombre no se movía, temí lo peor pero no pude hacer nada, no podía moverme, me quedé petrificado con aquella escena y sentía que mis músculos estaban tan tiesos que era imposible hacer el más mínimo movimiento; para colmo de males mi cerebro era un enjambre de millones de avispas que silbaban sin parar aturdiéndome por completo. Me sentí más indefenso que el cuerpo de aquel hombre que yacía quieto a mis pies y me sentí preso de mí mismo mucho antes de llegar a aquella celda donde me trasladaron horas después. La lluvia empezó a amainar, no sé con exactitud qué hora era, pero evidentemente había anochecido; poco a poco la gente empezó a acercarse mientras murmuraban y me señalaban como bicho raro; yo no entendía lo que pasaba, aunque mi golpeada lucidez me decía por momentos que debía alejarme lo más pronto posible de allí, pues de no hacerlo estaría en graves problemas. Pero ¿Cómo iba a alejarme? si dejé de sentir mis piernas y mi cuerpo empezó a pesarme el triple de mi peso normal; la gente gritaba "Asesino", "Asesino" y yo seguía ahí, inmóvil como si el muerto fuera yo. Por un momento me perdí en mi mundo, ignorando por completo mi realidad, hasta que el ruido de las sirenas de los carros policiales me despertó de aquel letargo y en pocos segundos sentí que me levantaron a la fuerza; sin preguntarme me pusieron las esposas y me tiraron en la parte trasera de uno de los vehículos. Más tarde me leerían mis cargos y aún sin encontrar el arma del homicidio que fungiría como prueba irrefutable de aquel crimen, me conducirían a aquella celda que hoy es testigo de mis días y mis noches. En ese momento odié mi estúpida decisión de drogarme hasta el punto de perder mi voluntad y de emborracharme como un demente hasta casi perder el sentido; pero era demasiado tarde para arrepentimientos y tenía que asumir que mi vida había cambiado por completo; que empezaría un nuevo camino lleno de tropiezos, de sinsabores, de dolor, de soledad, de lágrimas y no sabía si tendría el valor suficiente para afrontar todo lo que estaba por venir.

Sigo observando inmóvil el paisaje celeste a través del agujero en el techo, "es un día hermoso" digo en silencio, estoy maravillado con el brillo del sol y aunque la temperatura empieza a sofocarme, el hecho de ir al patio, se ha convertido en la única excusa para saborear algo de ese mundo exterior que he empezado a percibir como un fantasma. De repente el sonido de la campana que anuncia la hora del almuerzo me trae de nuevo a mi realidad y luego de hacer la fila para recibir mi porción de comida, me dirijo a la mesa más apartada de la cafetería para evitar que alguien más me aborde y me haga preguntas fuera de lugar. Es viernes y hoy tenemos una pequeña ración de postre, que no es otra cosa que dulce de guayaba mal preparado; pero en estas circunstancias resulta ser el manjar más delicioso.   Empiezo a degustar el puré de papa, es un tanto insípido y trato de pasarlo sin esfuerzo probando un poco de la ensalada que no está fresca y que además tiene como ingrediente principal pimiento verde que nunca fue mi favorito.   Sin embargo, es tan apremiante la sensación de hambre que sigo comiendo sin parar, imaginando que estoy saboreando mi plato predilecto de pollo al carbón con ensalada de aguacate y funciona, mi cerebro parece distraerse un poco fantaseando con esa delicia y me deja comer sin problema.   Estoy a punto de terminar, me dispongo a probar el postre; cuando veo a un hombre con sombrero ,de avanzada edad que ingresa agachado a la cafetería y se rehúsa a seguir las indicaciones del guardia de turno; me mira por unos segundos sin permitirme ver la totalidad de su cara ,con una insistencia pasmosa que logra intranquilizarme y pone mi sistema de defensa en completo estado de alerta; porque no lo conozco, no lo he visto nunca en el patio y con seguridad no está recluido cerca de mi celda. Termino de almorzar y aquel hombre no deja de observarme, no parpadea y me siento tan incómodo con esa actitud que me levanto de prisa y me dirijo a mi celda con rapidez. ¿Quién es ese hombre?, ¿Por qué me miraba de esa forma? No podía poner en orden mis ideas, era demasiado confuso aquel encuentro y esa imagen se quedó estampillada en mi cabeza por largo rato.

II

La sentencia

Transcurrieron varios días y por fin llegó el momento de mi juicio; el abogado vino anoche y me comentó que logró adelantar la fecha, que estaba prevista para un mes más tarde. ¡Qué alivio! fue lo primero que pensé; es una maravilla desligarme de una vez por todas de la incertidumbre, de esa angustia que me carcome el alma y me tiene al borde de la desesperación. Me levanto muy temprano y como puedo tomo una ducha, aquí no es fácil lograrlo; pues el suministro de agua es restringido y el horario para disponer del servicio lo cambian todos los días. Me pongo mi camiseta blanca de algodón, el uniforme verde oliva, las botas de dotación y me siento en mi camarote a esperar que me llamen; el tiempo se hace perenne y mil cosas empiezan a luchar en mi mente por capturar mi atención. Se me ocurre rezar pero no recuerdo ninguna oración, nunca fui creyente y viví toda mi vida tan alejado de Dios y de su significado que quizás ya no me reconozca; pero animado por una extraña sensación, exclamo unas cuantas palabras a ese ser supremo que nunca me importó y le pido su compañía, necesito su energía, porque me siento más solo que nunca y este miedo que me envuelve ahora es desconocido, jamás lo había sentido y le imploro su ayuda para ahuyentar ese fantasma. No encuentro una salida a tantos conflictos en mi interior, estoy librando una batalla interna con mis propios demonios que afloran de la nada y me invaden con una urgencia apremiante; ahora se ocupan de torturarme , de perseguirme como si yo fuera el infierno y ellos no tuvieran otro lugar adonde ir; son insoportables estos arranques de salir corriendo ,de escapar de tanta angustia , cuando no encuentro ni una sola ventana abierta, ni la más mínima oportunidad de devolver el tiempo para borrar este episodio que me arruinó por completo la vida.

Hay momentos en los que ya no quiero respirar, porque respirar aquí es escabroso, el aire es muy pesado y vivo una eternidad por cada segundo que paso en este lugar; estoy añorando tener mi vida de antes, para ir al lugar que quiero, para correr cuando siento ganas de hacerlo, para pasar una noche entera en vela al borde de una acera sin preocuparme por nada ; quiero abrigar de nuevo esa sensación de hacer lo que me da la gana sin tener alguien que me vigile y juzgue mis actos. No es agradable mirar a través de estas rejas las mismas caras y los mismos escenarios; estoy cansado de tanta monotonía cuando mi vida entera era un descubrimiento y una aventura constante. Estoy sumido en evocaciones y es imposible no traer a la memoria a la señora concha (Concepción Rivas) que era muy amiga de mi mamá y siempre me aconsejaba; con frecuencia me regalaba oraciones que hacia fotocopiar y tenía tantas que era imposible guardarlas todas; cuando era adolescente e iba a su tienda a comprar cigarrillos siempre me sorprendía con esos papeles que le recibía por educación, pero que botaba a la basura en cuanto salía de ahí; nunca la escuché, me burlaba constantemente de sus consejos, de sus charlas, de su forma tan calmada de hablarme de Dios. Doña concha era una mujer de mediana estatura de ojos amarillos y cabello frondoso color miel; había trabajado toda su vida como profesora en el pueblo donde crecí, se casó muy joven, 3 años después quedó viuda, nunca tuvo hijos, le gustaba participar en obras sociales y pertenecía a un grupo mariano que acostumbraban rezar el rosario de casa en casa los fines de semana para fomentar la devoción. Esa labor la hizo muy famosa en la región y por una extraña razón que nunca entendí le gustaba darme consejos que nunca le pedía; me sugería que estudiara, que me preparara para la vida; porque mi juventud aunque se encontraba en todo su apogeo se esfumaría poco a poco y cuando llegara la vejez debía alcanzarme establecido en una profesión, con una casa propia, con dinero suficiente para sostenerme por mí mismo y tener una familia. Casi todo el mundo recomienda lo mismo lo sé, pero ella tenía una forma muy peculiar de abordarme y aunque nunca me gustaron sus charlas, las escuchaba todas hasta el final como embelesado con sus dulces y atinadas palabras. Es increíble cómo ha cambiado todo, ahora me pierdo constantemente entre pensamientos y recuerdos; son las 11 am y el guardia ha venido por mí, llegó la hora. Es un juicio largo, hay muy pocas personas en la sala, sólo las necesarias, pues ya con anticipación le había pedido a mi abogado que no le avisara a mis familiares de la diligencia para evitarme la penosa escena. Ya ellos están enterados de mi situación pero no quería que escucharan la sentencia; nunca fui muy cercano a mi familia, me había hecho solo, me gustaba sentirme independiente y esta vez no sería la excepción. Mi mamá ha venido todos los domingos desde que estoy aquí pero no he querido recibirla, la verdad me da vergüenza que me vea en este lugar; después de todo ella luchó hasta el cansancio por hacer de mí un buen ser humano y no quiero compensarle su esfuerzo causándole lágrimas. Estoy escuchando el veredicto, el juez ha estado leyéndolo por horas y asegura cosas que yo no hice; pero me siento derrotado, a esta hora nadie puede cambiar el rumbo de mi destino; el abogado me mira y agacha su cabeza en señal de derrota y como una lanza que atraviesa de lado a lado mi corazón escucho aquellas últimas palabras *"Aníbal Contreras es hallado culpable de homicidio y es condenado a 18 años de prisión"*

No sé exactamente qué siento, es una mezcla de emociones que me cobijan de pronto y me nublan el horizonte; pienso que jamás lograré cumplir una condena tan larga clausurado en este lugar, después de vivir a manos llenas mi libertad sin sentirme atrapado por nada ni por nadie. Me llevan de regreso a mi celda, paso allí muchos días aislado, perdido en mí mismo, intentando asimilar lo que está sucediendo; es desgastante tener que vivir todo esto en sano juicio, ni siquiera tengo el consuelo de drogarme para escapar por un rato de la realidad; aquí es fácil conseguir algo de droga pero yo no tengo dinero para comprarla y no tengo amigos que podrían facilitármela como sucedía afuera. ¿18 años? Eso es tan absurdo, que equivaldría a vivir tres veces mi infancia; que a pesar de haber sido agradable en medio de todas mis carencias, no me animaría a vivirla más de una vez. Aquí me hare viejo, me consumiré minuto a minuto como una vela que va desapareciendo después de encender el pabilo, desangrándome sin heridas visibles y perdiéndome los mejores años de mi existencia, viviendo en este cuadrado de 2 x 2 que huele a moho, que tiene humedad en las paredes, que cuenta con una letrina que puedo lavar cada 15 días y con un camarote que tiene un colchón tan desgastado que me deja adivinar cuantas tablas hay debajo presionando mi cuerpo como espadas. ¿Cómo voy a sobrevivir todo este tiempo? ¿Cómo podré distraerme en medio del aburrimiento y el tedio que me causa este lugar? Las noches son largas y eternas desde que el insomnio ha aparecido a espantarme hasta mi derecho a descansar en sueños; paso horas enteras mirando hacia la nada, cuando todo el mundo duerme y solo escucho pasar de cuando en cuando uno que otro zancudo que me hace compañía con su sonido punzante. He tenido que lidiar con el asedio de numerosas cucarachas y de ratas que se pasean por mi celda como si vivieran aquí y pagaran arriendo; me entretengo observando cómo buscan afanosamente entre estos rincones vacíos y nauseabundos, algo que les permita saciar su hambre y cruzan por encima de mis pies una y otra vez, como si no existiera. Creo que estoy muerto en vida y ellas empiezan a darse cuenta, ya ni siquiera se detienen un segundo ante mi presencia y se sienten más dueños de este lugar que yo mismo; estoy decepcionado por caer en este abismo siendo inocente, por no tener los medios suficientes para defenderme y comprobar que yo no cometí aquel crimen. No es fácil aceptar una sentencia de esta naturaleza; para mí es una verdadera condena a muerte, que lastima más porque aniquila lentamente; ojalá pronto encuentre un rumbo en medio de tantos atajos tenebrosos, porque tengo miedo de perderme y de no encontrarme más.

III

En brazos de Carmenza...

Sin darme cuenta pasan muchos meses, aquí no tengo conciencia del tiempo, ni tengo a mano un calendario para llevar un registro de las fechas y la verdad no lo necesito. sé que es diciembre porque han puesto algunos adornos navideños en el patio y un sacerdote que viene a visitarnos con regularidad nos ha hecho una invitación a rezar la novena de aguinaldos. Construyeron un improvisado pesebre y decoraron un pequeño árbol con algunas bolas brillantes y desgastadas que me recordaron aquellos días de mi infancia cuando celebrábamos en familia y la felicidad tenía sabor a dulce de breva, a pollo relleno con salsa de cereza y a chicha de maíz que mi mamá preparaba gracias a la receta que mi abuela le había heredado años atrás. Crecí en un hogar modesto, mi mama Carmenza Roa trabajaba sin descanso en su máquina de coser, para cumplir con los encargos que le hacían todas las señoras más adineradas del pueblo y que veían en mi madre una verdadera maestra en el campo de los hilos y las telas; era común ver a los niños del colegio "Herederos del saber" usando los uniformes que mi mamá les fabricaba desde hacía décadas con rigurosa dedicación. Todo aquello que implicara usar una máquina de coser caía en manos de ella y por ese motivo nunca pasamos hambre en mi casa; Carmenza Roa era una institución en el pueblo y siempre me sentí orgulloso de ser su hijo, de su tenacidad y carácter para salir adelante; admiraba sus ojos verdes tan verdes como las hojas de eucalipto, su frondoso y hermoso cabello color castaño claro, su piel blanca casi transparente, sus cejas pobladas y su rostro ovalado que combinaba de forma perfecta con su pequeña estatura. Nunca la vi llorar aunque mi padre nos abandonó cuando mi hermano y yo estábamos muy pequeños y desde entonces ella, tuvo que llevar sola las riendas del hogar sacando adelante una familia a base de esfuerzo; de mi padre sólo sé que se llama Eugenio Contreras y nunca supimos nada sobre su paradero, salió de nuestras vidas sin preguntarnos y sin tomarnos en cuenta, porque quizás le quedó grande la responsabilidad o nos convertimos en un estorbo para la consecución de sus sueños. Para mí era frustrante ir al colegio, desde que me convertí en víctima constante de burlas por parte de mis compañeros de clase, que veían en mí un ser abandonado que jamás llevaba a su papá a las reuniones de padres de familia, que nunca hablaba de él y que no tenía una fotografía donde me estuviera cargando en brazos como le pasaba a la mayoría de mis amigos. Desde pequeño sufrí discriminación en ese sentido y odié a esa figura paterna que nunca estuvo conmigo y que al irse, me dejo un hueco invisible en el alma que todo el mundo parecía ver, excepto yo! Ese hueco imaginario me hizo crecer inseguro, con la idea del rechazo incesante en mi cerebro, no me sentía digno de nada y hasta llegué a pensar que no tenía derecho a alcanzar la vida cómoda y tranquila que otros tenían. Fue una época difícil que me marcó inevitablemente y me dejó cicatrices abiertas que aún no cierran; pues aunque ha pasado mucho tiempo , todavía me duelen y me recuerdan que solo mi madre logró endulzar un poco esa amargura con la que lidié los primeros años de mi vida, con su ternura y sus cuidados que ahora extraño tanto. Hoy es domingo, día de visitas y mi madre como siempre estará allí esperándome aunque no me he animado a recibirla ni la primera vez; es sorprendente, nunca desiste y debo admitir que envidio esa determinación y ese coraje porque yo no lo tengo. Ha venido tantas veces desde que estoy aquí que ya parece un habitante más de la cárcel y hasta ha conseguido que la dejen pasar sin someterla a las constantes requisas que son tan desagradables e invasivas; yo me quedo viéndola desde lejos, aunque ella no puede advertir mi presencia, está tan hermosa, más hermosa que aquella última vez que la vi en la casa que fue mi hogar por tantos años y que abandoné por completo para entregarme a los vicios de la calle.

En esta oportunidad por una extraña razón que no logro entender, he sentido la necesidad de acercarme y con mi corazón palpitando a la altura de mi garganta me aproximo con sigilo, hacia la mesita donde siempre acostumbra sentarse a esperar. Y de repente me mira, me mira por unos segundos y esa mirada me resquebraja el alma por completo, me desviste, me deja helado; porque su ternura derriba los muros de mis prevenciones haciéndolos polvo de hornear, me desarma y empiezo a sentirme como un niño otra vez sin el peso de mi madurez y de todos los problemas que cargo a mis espaldas. Estoy como embelesado con esa sensación tan positiva invadiéndome el cuerpo después de tantas horas de amargura sin pausa; ella me abre sus brazos, mientras unas lágrimas recorren su cara y como si un imán me impulsara frenéticamente hacia ese destino, me acerco y me refugio en ellos. ¡Qué sobrecogedor! No cabe duda que los lazos que me atan a esa mujer son más fuertes de lo que creí, es una fantasía hecha realidad sentir otra vez su calidez, sus manos rozándome la espalda y diciéndome "Te amo Hijo"; es inexplicable, que esas palabras que antes las escuchaba por costumbre y dejaron de emocionarme, se hayan convertido de pronto en mi tabla de salvación. Todo mi cuerpo responde por inercia a ese instante y le pone acelerador a mi cerebro que me muestra sin detenerse mil imágenes de mi infancia, de mis recuerdos cuando era niño y entonces, descubro que mi mamá está en todos ellos, no hay un solo instante que no esté barnizado con su imagen a la que nunca le di trascendencia. Me abraza y no me suelta, nos quedamos ahí por un largo periodo de tiempo y después tomados de la mano, nos sentamos en aquella mesita donde me esperó tantas veces sin rendirse y hablamos mucho; hablamos de todo, me pregunta cómo ha sido mi vida aquí en este lugar, me cuenta de las cosas que han sucedido últimamente en la familia y procuramos ponernos al día lo más rápido posible antes que se termine el horario de visitas. Nos quedan 2 horas más y aprovecho para decirle cosas que jamás creí que le diría; mi corazón toma el lugar de mi cabeza y se adueña totalmente de mis pensamientos, opacando mi costumbre de retraerme y de guardarme lo que siento. Y así, sin previo aviso, mi boca empieza a expresar ideas profundas como empapadas con mi propia sangre y dejo de reconocerme:

"Mamá, estás hermosa, ese vestido de flores que usas hoy le da más argumentos a tu ternura para tornarse contundente; gracias por estar aquí, por

todos esos días que has venido a verme y que me has esperado hasta el último segundo aunque me negaba a recibirte. Como bien sabes, "Gracias" no es una palabra que digo con facilidad, me cuesta mucho trabajo deletrearla pero hoy, no fue tan difícil, porque tengo tantas cosas que agradecerte, unas gigantes y otras del tamaño de una pulga que no por eso tienen menos valor para mí. Nunca tuve tiempo para sentarme a hablarte, para decirte que me fascinaba cuando ibas a mi cuarto todas las noches en mis años escolares y me llevabas un vaso de leche caliente con un toque de canela; me acuerdo que nunca me la tomaba en tu presencia, pero en cuanto te ibas la disfrutaba como nadie. Siempre me acompañabas, aunque me molestara y te reclamara mil veces mi independencia; recuerdo que te suplicaba con frecuencia que dejaras de tratarme como a un niño chiquito y tú a cambio de eso, terminabas mimándome más de lo que podía soportar. Participabas en todas las reuniones de mi colegio y siempre me defendías cuando algún profesor se atrevía a decir que yo era un niño muy distraído y que me costaría mucho trabajo aprender y lograr mi título de bachiller; te enojabas cuando los niños me hacían llorar por alguna cosa, y me defendías como una gallina que defiende sus polluelos.

Merecías mucho más que mis miradas afiladas, más que mi fría indiferencia y mis reclamos; siempre me creí con la autoridad para juzgarte, en silencio te culpé por el abandono de mi padre, creí que tal vez no habías hecho lo suficiente para lograr que se quedara, que no te cuidabas, que te dedicabas por entero a la máquina de coser descuidando tu deber de esposa; nunca me detuve a pensar que tenías tantas obligaciones encima que no podías dedicarte por completo a una sola. Me duele haberte lastimado sin remordimientos, anhelo con desesperación esos desayunos que me preparabas con mucho esfuerzo, luego de levantarte a las 4 de la mañana y que rechazaba aduciendo que los huevos estaban salados o demasiado simples, me quejaba porque el café estaba muy frio o tan caliente que podía quemarme, te reclamaba por preparar siempre los mismo y quería que me sorprendieras con platillos distintos; sin tener en cuenta que no ganabas dinero suficiente para darnos esos lujos y tus gastos eran abismales ,desde que te quedaste sola con toda la responsabilidad de la casa. Recuerdo esa navidad de 1950 cuando nos preparaste natilla por primera vez y una vecina te regaló los buñuelos para acompañarla; yo en lugar de regalarte una sonrisa, te recriminé por mendingarle comida a los vecinos; y tú a pesar de ese mal rato, seguiste entusiasmada con la cena de esa noche, que como siempre fue un delicioso pollo relleno que preparaste con tus propias manos y en un horno eléctrico tan viejo que tenías que asarlo por etapas. Perdóname por ser tan ciego, por mi frialdad, por verte como un adorno en mi vida que podía quitar de la repisa de mis prioridades cuando sintiera la necesidad de hacerlo. Me equivoqué mamá, tú eres única, irrepetible, irremplazable y me alegra decírtelo hoy, aunque quizás sea un poco tarde; perdóname por alejarme tanto de ti, cuando decidí irme de la casa y seguir el rumbo de la calle a la edad de 20 años. Sabía que esa decisión de irme sin darte una dirección para ubicarme te aniquilaba, pero puse por encima de tu sufrimiento mi hambre de libertad y

41

de descubrirlo todo con un afán irrefrenable; sé que lloraste mucho, que pasaste muchas noches desvelada, temiendo que pudiera pasarme lo peor y yo asumía que tenías que pasar por todo eso sin quejarte, por haber tomado la decisión de tener hijos; nadie te había pedido que me trajeras al mundo, esa decisión la tomaste tú sin preguntarme y tu sufrimiento era una consecuencia de esa elección que hiciste por tu propia cuenta. Sí, siempre fui tan absurdo con mis conclusiones, creía que el mundo era como yo lo percibía y para sentir menos culpas a mis espaldas, se las achacaba con frecuencia a los demás sin contemplaciones; luego me dejé deslumbrar por el placer de vivir sin limitaciones y me perdí plenamente en mis deseos, me dejé consumir por el vicio en el que me inició mi amigo Leonel Flores quien nunca fue santo de tu devoción. Con él emprendí mi camino hacia el infierno; aprovechábamos que estabas entretenida con tus costuras y que mi hermano estaba en sus horas de colegio para fumar lo que él conseguía sin ningún esfuerzo, pues su papa era rico y le daba gusto en todo. Empecé a drogarme a los 19 años en mi cuarto y pronto supe que tendría que abandonar la casa, pues en muchas ocasiones estuviste a punto de sorprenderme haciéndolo y no quería que me vieras en ese estado; mis ojos se tornaban tan rojos después de fumar que utilizaba las gotas oftálmicas que te había recomendado el doctor del pueblo para mejorar la inflamación que padecías, por estar largas horas frente a la máquina de coser y que aclaraban la vista como por arte de magia. Nunca lo supiste, pero siempre las tomaba de la mesita que tenías en tu alcoba, cerca de tu cama y que estaba siempre atiborrada con tus cremas para las arrugas; todo se tornó más caótico cuando descubrí que mezclar alcohol con alucinógenos me producía una satisfacción indescriptible, me sentía el amo y señor del universo y por nada el mundo estaba dispuesto a renunciar a eso. Acostumbraba salir con mis amigos los fines de semana a tomarme unos tragos, pero después dejamos de visitar lugares abiertos y nos refugiábamos en la casa de Saúl cuevas que era amigo de Leonel y vivía en su mismo vecindario; desde el principio me agradó aquel muchacho bohemio que vivía solo la mayor parte del tiempo, pues sus padres viajaban constantemente al extranjero y él aprovechaba dicha condición para darle rienda suelta a todas sus fechorías. Con rapidez encontramos afinidad en muchas cosas; los dos compartíamos la misma idea de renunciar al estudio por considerarlo una pérdida de tiempo, estábamos hambrientos de riesgos, queríamos acercarnos al peligro ; pues nuestra juventud no nos daba tiempo para ocuparnos con conocimientos inútiles y respetar reglas impuestas por una sociedad que estaba muy lejos de importarnos; siempre nos encontrábamos después de la media noche en aquella hermosa casa, con las paredes pintadas de blanco, con una decoración exquisita y amplios jardines en los que yo podría perderme con facilidad. Nos reuníamos 3 personas, Leonel, Saúl y yo; recuerdo que nos encerrábamos en el cuarto de servicio y ahí ocurría toda clase de excesos, mezclábamos diferentes licores, consumíamos pastillas, nos inyectábamos y nuestra curiosidad no tenía límites; hablábamos muy poco y el equipo de sonido permanecía con el volumen a máximo nivel, para que los vecinos pensaran que se trataba de una fiesta más. No nos importaba nada; éramos felices en medio de tanto desorden, enredados entre botellas, papeletas, jeringas, copas vacías, que no eran otra cosa que nuestras almas tiradas en el suelo arrastrándose hacia el fango de la perdición. Tú no sabías nada sobre mis nuevas experiencias porque nunca regresaba a casa sin antes asegurarme que los efectos de mi osadía dejaran de ser evidentes; empecé a bajar de peso y no era por problemas estomacales como tu creías ¿Te acuerdas que con regularidad me dabas cocimientos de hierbas para contrarrestar mi supuesto padecimiento? te esmerabas por cuidarme y yo no era digno de tanta dedicación, de tanto cariño. Por eso me fui de la casa aquella noche, sin avisarte; yo quería vivir mi vida, no quería ser como todos esos adolescentes desabridos que se entretenían en medio de libros y cuadernos; yo encontraba felicidad en mi vicio, necesitaba libertad total para disfrutarlo sin preocupaciones y a tu lado era imposible hacerlo. Tu querías que yo estudiara, me inscribiste a escondidas muchas veces en el Instituto Técnico del pueblo y luego me decías que me presentara el día tal, a la hora x sin consultarme y no te imaginas cómo me chocaba que te metieras en mis asuntos; por eso ignoraba tus indicaciones y me enfrenté contigo en incontables oportunidades; estaba cansado de tus sermones, de tantas palabras sabias que mi insensatez rechazaba por ignorancia. Perdóname por haber sido tan inconsciente; aquí he vivido momentos tan agrestes, tan avinagrados que he pagado una a una tus lágrimas y con intereses. Pues, como un castigo adicional, estoy condenado a vivir con lucidez y esa es una verdadera tortura que me amedranta todos los días; ya no puedo escaparme de la realidad fumándome un cigarrillo mágico, o tomándome 2 o 3 botellas de ron, mis pensamientos ya no son accidentados, han dejado de perderse entre alucinaciones y vienen a mí nítidos como nunca antes haciendo que mi abstinencia sea tan dolorosa y difícil de llevar. A veces, las ansias me ganan, sudo muchísimo, mi cuerpo tiembla como un flan de leche de los que tú me preparabas, siento muy débiles los huesos y daría cualquier cosa por fumarme un solo cigarrillo, uno solo. Pero no puedo, porque en este lugar son muy caros y yo no he encontrado la forma de ganarme unos centavos. Esto es asfixiante, cargo cada minuto a mis espaldas hasta acumular horas infinitas como costales de arena; le alquilo mis noches al insomnio y mis frustraciones han salido a la luz sin reservas, colmándome de amargos reclamos que me hago a mí mismo sin descanso y que mi lógica responde con la misma frase: "Fuiste un estúpido". Me he vuelto un vagabundo de mis propios sueños porque deje de reconocerlos, se alejaron tanto de mi alcance que se han deformado y han perdido su esencia; y verte aquí, me ha devuelto un poco la esperanza que había perdido sin dejarme huellas y tú le has dado forma. Gracias por regalarme la fortuna de ser tu hijo, por alimentar mis vacíos con tu deliciosa presencia, ¡Te amo mamá…!

Respiro profundo y me siento aliviado; hablar con mi madre le quitó poder al cataclismo de mis culpas y le quitó rejas a la cárcel de mi conciencia; nos despedimos y desde ese día mi mama no ha dejado de venir el día de visitas y yo no he dejado de recibirla. Emocionado me dirijo hacia mi celda;

cuando de repente aparece de nuevo aquel extraño hombre, que hace unos meses estuvo rondando en la cafetería. Descubro que ha estado espiándome y un escalofrío me recorre el cuerpo, empiezo a temer por mi vida; pues aunque he indagado sobre los antecedentes de ese personaje en múltiples ocasiones, nadie ha querido decirme nada y es como si todos aquí tuvieran un pacto de silencio en el que yo no encajo. Esa mirada me produce miedo, porque sus ojos se clavan en los míos como si intentara gritarme a través de ellos; no logro descifrar de quién se trata, no reconozco sus facciones y la certeza de sentirme vigilado le agrega más misterio y angustia a este hecho. Estoy intentando desentrañar lo que sucede, pero huye de forma repentina y no me da tiempo de acercarme y preguntarle ¿Por qué me persigue o me acecha cuando yo no puedo verlo?

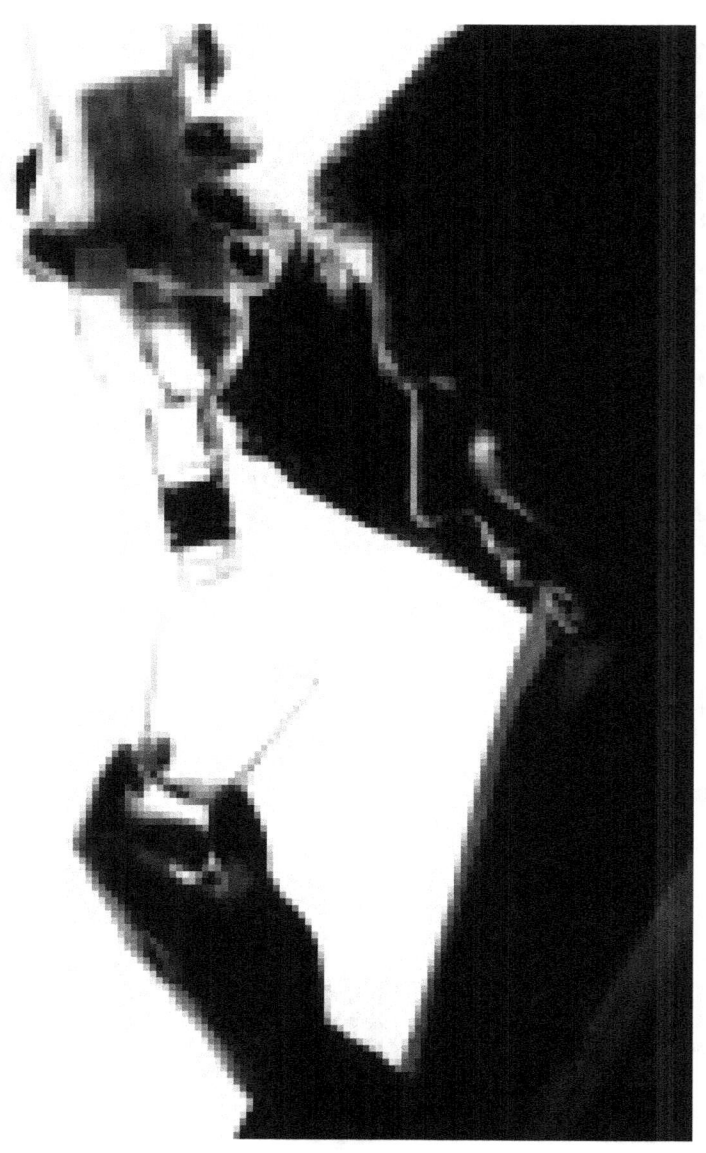

IV

Reciclando memorias

Estoy recostado en mi camarote, entretenido con las historias que mi mama me contó en la última visita y que mi cerebro reconstruye con tantos detalles que por momentos me vuelvo protagonista de una película y la vivo con una realidad pasmosa. Fue curioso recibir noticias de Leonel Flores , de quien no sabía nada desde hace más de 5 años, cuando por cosas del destino tomamos caminos diferentes ; fue intimidante sentirlo tan lejano después de haber compartido tantas cosas y creerlo mi mejor amigo. Me alegró saber que se casó con la novia de toda la vida y que tiene dos hijos; pero es una verdadera lástima que los excesos de los que fuimos testigos y vivimos en carne propia lo hayan llevado a cometer tantos errores. Se divorció hace unos pocos meses y le prohibieron visitar a los niños, porque un juez aseveró que era una persona peligrosa para la sociedad y ¿Cómo no iba a hacerlo, si Leonel en una de sus borracheras golpeó salvajemente a su esposa y puso en peligro la integridad de sus hijos? Resulta espantoso viajar sin brújula por las consecuencias nefastas de nuestros vicios, que solo engrosan la lista de los demonios que todos llevamos dentro; perdió el trabajo en la alcaldía del pueblo que le había conseguido años atrás su padre a través de amistades políticas, la familia le negó ayuda y ahora se la pasa de cantina en cantina tomándose el poco dinero que le queda, desorientado, sin compañía y perdido en su propio abismo. ¡Ay amigo!, ojalá pudiéramos conversar y reconstruir todo lo que hicimos mal y volver a vivirlo de otra manera; ojalá tuviéramos tiempo para ir a tomarnos un café sin la excusa de emborracharnos o de drogarnos hasta perder todo sentido de orientación; me gustaría preguntarte cosas importantes, conocerte como ser humano, saber de tus miedos, de tus sueños, de tus frustraciones. Nunca me preocupe por averiguar que había detrás de ese hombre que se reía a carcajadas y que no se tomaba la vida en serio, que amanecía conmigo en cualquier esquina perdido de sí mismo, con los bolsillos rotos y vacíos luego de vivir una noche loca y con excesos; vivimos días iguales, haciendo siempre las mismas cosas y no tuvimos un solo segundo para ser amigos de verdad.

No hablamos de esa urgencia de escapar que nos acorralaba, de la tristeza que andaba dando vueltas por ahí y que decidió quedarse a hacernos compañía, de ese dolor que podía causarte la indiferencia de tus padres que te daban todo menos atención; me olvidé de ti, de mí mismo y nos convertimos en dos fantasmas vaporosos que vagaban sin rumbo y sin conciencia. ¿Seguirás pasado de kilos como en aquella época? recuerdo que te encantaba comer, ese era otro de tus grandes placeres y tenías mucha suerte con las mujeres que admiraban tu apariencia de europeo; tus ojos eran de un azul profundo, intenso, que encandilaban con facilidad y tus 1.80 cm de estatura te hacían lucir elegante e imponente; fui testigo de tus incontables aventuras y de todos los corazones rotos que dejaste por ahí sin un asomo de culpabilidad. Qué tontos fuimos Leonel, creyéndonos invencibles y lanzándonos al precipicio de nuestros deseos sin medir los efectos de tan absurda decisión; nos perdimos los mejores años de nuestra vida encerrados en un mundo irreal que nos mostraba una felicidad escurridiza y efímera que terminó cerrando nuestros oídos a cualquier aviso de cordura. Vienen a mi mente aquellos días que escribimos a nuestra manera, sin intervención de nadie y añoro una oportunidad para verte de nuevo. Créeme, si tuviera un solo día libre iría a buscarte, quiero brindarte mi ayuda aunque yo mismo soy un fracaso y la necesito más que tú; yo también soy un despojo de errores, un manojo de tribulaciones, un amigo que nunca te olvidó y avergonzado por mis actos dantescos te hablo desde la distancia, para que no te sientas solo y compartamos hombro a hombro el dolor de nuestro destino. Estoy seguro que tú y yo podríamos entender mejor que nadie el significado de la palabra DOLOR porque somos sus prisioneros y diariamente saboreamos su interior agrio y nauseabundo; nos movemos entre círculos sin principio ni fin y lo sé; porque aunque no me lo has dicho, conozco el pozo al que has caído, he navegado entre sus aguas turbulentas desde hace años con la zozobra de ahogarme. Sé que tú igual que yo, llevas dentro un niño indefenso que lucha incansablemente por deshacerse de ese cuerpo de adulto que le tocó, que lo atemoriza y que no puede controlar; intuyo que tienes pesadillas cuando vas a dormir, porque mi vida entera es una de ellas y no he logrado despertar; soy una equivocación con nombre y apellido ¿Cómo voy a juzgarte? Si al fin y al cabo yo soy peor que tú; nunca tuve las agallas para tener una familia, me aterraba la idea de cargar con responsabilidades y la idea de perder mi libertad me impedía abrigar la ilusión de compartir mi vida con alguien. Y mira ¡Qué ironía! Terminé perdiendo mi libertad y de la peor forma; pero tú estás afuera, puedes ir donde quieras, tú tienes razones para la luchar, mientras yo me he quedado sin motivaciones; así que, escapa de ti mismo ahora, como antes lo hacíamos de la realidad y busca una salida. Pero, espera… ¡Es tan frustrante mi consejo! ¿Cómo vas a escucharme? si la distancia logró separar nuestros cuerpos y las circunstancias de la vida desorientaron nuestras almas hasta el punto de impedir que se encontraran. Si estuvieras aquí te diría que no todo está perdido ¿Recuerdas a Saúl Cuevas? Ese muchacho de mediana estatura, trigueño, flacucho, con barba escasa y ojos negros almendrados que apodábamos "Palillo"? Su historia es una muestra que todos tenemos derecho a tener una segunda oportunidad; después de dejar a sus padres en bancarrota por culpa de sus adicciones, de andar por la calle confundiéndose entre los mendigos del pueblo y de vivir en un basurero por mucho tiempo, encontró la forma de resucitar de esa muerte constante. Evoco aquellos días cuando tu y yo íbamos a su casa; sus padres lo dejaban solo la mayor parte del tiempo y él creció sin orientación, siguiendo sus propias reglas; era común verlo vestido con ropa de diseñador que usaba una sola vez y que luego tiraba a la basura como si se tratara de harapos viejos; me acostumbre a ver como se perdía la comida en el refrigerador, a observar excentricidades por todas partes, lujos innecesarios, exageraciones. Y debo confesar que envidiaba todo eso, en el fondo quería ser como él, tener muchas tarjetas de crédito para gastar sin limitaciones, cuentas en el extranjero, amistades en los más altos cargos del gobierno, viajes a los lugares más inimaginables, la comodidad de vivir en un lugar exclusivo rodeado de grandes personalidades, cambiar de carro 2 veces al año para asegurarse que tenía el último modelo. Envidiaba a Saúl por muchas razones, me identificaba con su forma de pensar y de ver el universo; pero luego me di cuenta que las miserias humanas también se esconden en medio de la riqueza y descubrí que él carecía de cosas que yo tenía a manos llenas, que en resumidas cuentas eran mucho más importantes. Ahora lo confirmo y lo ratifico; tuve la fortuna de tener una familia imperfecta como todas, pero al fin y al cabo una familia ; me rodeó el amor de mi mamá, su atención, su interés por hacer de mí una mejor persona y eso disipó en parte la ausencia de un padre que dejé de extrañar hace mucho; no puedo culpar a nadie de mi suerte, sería injusto afirmar que en mi hogar se cocinaron los motivos para seguir esta vida, cuando fui yo y mi absorbente irresponsabilidad los únicos detonantes de mi tragedia. En cambio Saúl, creció en un ambiente ficticio, donde le hicieron creer que él era el amo del universo, que tenía todos los medios para manejar las circunstancias de la vida a su antojo y ese exceso de confianza fue su perdición; no sé si su padre abonó de cierta forma ese terreno en el que su hijo se enterró vivo y ante sus ojos. Era tan prepotente y arribista que rayaba en lo absurdo; nunca entendí por qué un hombre tan rico no podía dedicarle tiempo a su familia, continuamente estaba fuera del país y solo se ocupaba de regalarle a su único heredero cosas materiales , que no podían colmar los profundos e insondables vacíos que su ausencia estaba dejando y lo convirtió en un parásito desnutrido de espiritualidad, hambriento de valores, de principios, con la idea errónea que el dinero es el único factor capaz de darle valor a una persona y sin distinguir claramente lo correcto de lo equivocado. No sé preocupó por estudiar, por alimentar sus conocimientos y tu y yo seguimos las mismas directrices; queríamos perdernos en nuestro propio mundo y lo logramos; éramos dos parásitos más sucios que Saúl porque nos aprovechábamos de su dinero para drogarnos con libertad y sin gastar un centavo. A veces lo dejábamos en su casa tan demacrado, sin fuerzas y tirado en un sofá, completamente desconectado del mundo exterior y no nos importaba; porque tampoco nos importaba nuestra propia vida. Y puede sonar absurdo, pero ahora me siento culpable, porque no le di a Saúl lo que realmente necesitaba "Compañía" y contribuí a su destrucción, hundiéndolo más en el fango que ya me había consumido por completo. Por eso, si algún día salgo de este lugar voy a buscar la forma de verlo para hablarle y sanar mis heridas; quiero pedirle perdón por mi inconciencia, decirle que lo admiro porque logró huir de esa trampa que le robó gran parte de su existencia y canalizó todas las vivencias negativas convirtiéndolas en decisiones acertadas. Él fue más fuerte que nosotros Leonel y esa realidad es una muestra que no todo está perdido; tu y yo también podemos lograrlo ¿No crees? Te sorprenderá tanto como a mí enterarte que luego de tantas penurias, Saúl puso un puesto de verduras en la plaza del pueblo y se hizo cargo de sus padres, es una persona distinta y mi mamá dice que una parte de sus ganancias las invierte en alimentos para repartir a los mendigos, que fueron sus compañeros por tanto tiempo; se convirtió en un líder respetado y admirado por todo el mundo, dejando atrás el amargo pasado. Hoy veo la esperanza como un posible refugio, cuando antes era solo una palabra con significado ajeno a mi vida; advierto de pronto una luz en medio de este barranco oscuro de mi conciencia y abrigo la seguridad de poder cambiar el rumbo de mi historia aunque parezca tan imposible de lograr. Amigo, tú tienes una familia, lucha por tus hijos, ellos son inocentes de tus incontables equivocaciones y merecen un futuro donde su padre sea un ejemplo y no su mayor vergüenza; eres joven aún, las posibilidades que existen en el universo de luchar y lograr los sueños son infinitas y solo nosotros nos encargamos de ponerle cercas y limites; tú tienes libertad y eso es TODO, no dejes que te la arrebaten, no deseo que el día de mañana vengas a hacerme compañía a este lugar a pesar de sentirme tan solo, no anhelo para ti mi suerte; lo que quiero en realidad es salir de aquí y evitar que otras personas habiten este infierno. Tienes una mujer maravillosa, finalmente te decidiste por Martina Quiroga la doctora que tenía a cargo el centro de salud del pueblo; qué buena elección, era hermosa cuando me la presentaste, con su cabello largo y lacio, su diminuta cintura y sus formas delicadas que hablaban de su genética distinguida; su elegancia llamaba la atención y lucía impecable con su bata blanca y sus zapatos de tacón alto que jamás se quitaba; tuviste que luchar muchísimo para que aceptara salir contigo y estabas fascinado con su educación y su firme convicción de tener un hogar como el de sus padres que duró toda la vida. Ella no era como las otras que conociste y que conseguías en la primera noche; se daba su lugar, no amanecía en las cantinas y a diferencia tuya no tenía vicios; bueno, su trabajo era su único vicio si podemos llamarlo de esa manera, porque amaba lo que hacía y se entregaba sin reservas a su labor. Pertenecía a una de las familias más poderosas del pueblo y se enamoró de ti, dejando de lado una lista de pretendientes que tenían mejores cosas que ofrecerle; tú fuiste afortunado por eso y estés donde estés debes ser consciente de ese maravilloso regalo que te concedió el destino o la buena suerte. Me enteré que después de firmar el divorcio, ella ha permanecido sola, dedicada por completo a sus hijos; una actitud que no me sorprende y que habla de su fortaleza como mujer ¿Ese no es un motivo poderoso para luchar? Debes sacudirte y ver el mundo con otros ojos, valorar todo lo que tienes y luchar por el futuro de tu familia. No te dejaré solo en esto; escribiré una carta donde consignaré en letras todo lo que he estado hablándote en silencio en medio de mis memorias; plasmaré en un papel todos mis pensamientos y se lo entregaré a mi madre en la próxima visita para que busque la forma de hacértela llegar. No espero que me respondas, si lo hicieras alegrarías esta alma mutilada de sonrisas; pero no busco un beneficio personal, lo que pretendo es aclarar un poco tus tinieblas y contarte de mis días en este lugar para que reacciones. La soledad es un monstruo que crece con el paso de los días; he adoptado la costumbre de hablar con la pared y en voz alta para creerme más normal y menos vacío; todavía no me atrevo a hablar con los reclusos vecinos a mi celda, me volví prevenido y veo en los seres humanos simples amenazas en potencia para hacerme daño; los días se han convertido en lápidas que me sepultan cada segundo, y las noches son solo el desahogo de la tristeza que me acompaña y no quiere irse. Quisiera volver a ese día, cuando estuve sentado en el parque y ese hombre cayó muerto a mis pies; devolver el reloj de mi vida y retirarme de ese lugar, refugiarme de la lluvia como lo hizo la mayoría de gente y evitar volverme el culpable de un crimen que no cometí; me pesa la culpa, pero pesa más la soledad y ¡te necesito! ¡Claro que te necesito! Ya no para ir de cantina en cantina todas las noches, ni para drogarme en tu compañía; este tiempo aquí me ha servido de terapia de choque y los efectos de la abstinencia han empezado a debilitarse. Te necesito para rescatar esa amistad que nunca tuvimos, para apoyarnos, para hablar, para ¡hablar! ¡Estoy harto del silencio, estoy harto de todo! Ojalá yo tuviera una mujer a mi lado que me amara, que fuera leal a nuestra relación a pesar de las circunstancias, que me esperara, que viniera a visitarme; anhelo el amor y me refiero al amor de una mujer porque el amor de mi madre siempre ha estado conmigo. Yo a diferencia tuya me perdí esa oportunidad de tenerlo por testarudo; le cerré la puerta hace muchos años cuando llegó a mi vida y lo dejé ir por cobardía; lo peor de todo es que ahora no me creo con el derecho de merecerlo ¿Dónde estás Mirtha de mi vida?... ¿Dónde?...

V

Mirtha Callejas

Conocí a Mirtha aquel 14 de noviembre de un año que prefiero reservarme. Era una tarde calurosa; Leonel y yo asistimos a una fiesta que ofreció el alcalde del pueblo para conmemorar el onomástico de Santa Rita, que se había convertido en una celebración obligada en la región desde hace décadas y atraía un gran número de turistas. En ese momento todavía no me encontraba tan perdido en mis adicciones y permanecía lucido gran parte del tiempo; ese día estábamos inmersos en el festejo, paseando por los alrededores y escuchando la incesante fanfarria que amenizaba con alegría la conmemoración; cuando de pronto la vi. Era la mujer más hermosa que había visto en toda mi vida, me quedé clavado en su rostro angelical que no parecía real; caminaba lentamente hacia la iglesia ubicada justo en el centro de la plaza con un manojo de flores en las manos, acompañada de una señora mayor con cabello completamente blanco que se movía con dificultad; con seguridad iban a participar en la misa solemne de las 3 de la tarde que celebraba el Padre Abelino, un sacerdote misionero que había venido del extranjero y luego se convirtió en el párroco de nuestra población. Un ímpetu desconocido invadió mi cuerpo observando aquella fantástica escena y casi llevé a la fuerza a Leonel hacia la iglesia, quien no daba crédito a mi invitación, pues nunca entraba a ese lugar; pero necesitaba estar ahí, le rogué que me acompañara para averiguar quién era ella; reconozco que no escuché ni una silaba de la ceremonia que pasó tan rápido como un suspiro, estaba embelesado mirando aquella dama inmersa en su devoción y brindándole toda su atención a la mujer que se sentó a su lado en el centro del templo; mientras Leonel y yo permanecimos de pie en la puerta. No me importaron los reclamos de mi amigo, que me susurraba al oído que saliéramos de ahí lo más pronto posible para ir a disfrutar de la fiesta; pero yo no lo escuchaba, estaba idiotizado, encantado, perdido en una especie de hechizo del que no escaparía jamás.

Esperé pacientemente que se acabara la misa y cuando esa mujer se acercó a la puerta y la tuve justo en frente, supe que ella habitaría mi corazón algún día. No me miró, me ignoró por completo y me sentí frustrado como nunca antes; le calculé 19 0 20 años, tenía los ojos color miel; el cabello era ligeramente ondulado, rubio y lo mantenía largo a la altura de los hombros. Su piel era bronceada y delicada; llevaba un vestido blanco corto ,adornado con encajes diminutos en forma de boleros; en su cabeza tenía un cinta del mismo color anudada justo en el centro , usaba sandalias con pequeñas franjas de cuero color café que dejaban ver sus pies impecables. Era una princesa, digna de la más mágica historia y yo la tenía ahí cerca de mí y tan lejos de mi alcance; esa contradicción me martillaba los sesos y me obligó a perseguirla el resto de la tarde sin vacilaciones; Leonel se cansó de mi absurda misión y optó por no participar en ella, cuando encontró unos ex compañeros del colegio que lo invitaron a tomarse unos tragos. Creí que era lo mejor, dadas las circunstancias; tenía que pensar en un plan para abordarla sin parecer tan evidente y desesperado, entonces la seguí hasta un vecindario ubicado cerca de la plaza, la observé desde lejos mientras tomaba una llave que llevaba en su bolsillo y abrió la puerta de una casa modesta que sin duda era su lugar de residencia; ayudó a la señora mayor a entrar con mucho cuidado y estuvieron allí un largo rato. Habían transcurrido unos 25 minutos cuando la vi salir otra vez y se dirigió hacia una tienda donde vendían abarrotes; la seguí y entré a ese lugar haciéndome pasar como un cliente más, pregunté por el precio de un kilo de café recién molido, mientras ella compraba pan francés y pasta; pronto noté que estaba discutiendo a baja voz con uno de los vendedores por el precio, al parecer el dinero que llevaba no le alcanzaba para comprar sus víveres; me acerqué y le pregunté qué necesitaba y ella me contó lo que sucedía con tono pausado. Eran reales mis presentimientos, no tenía suficiente dinero para pagar; así que le ofrecí mi ayuda y pagué lo que hacía falta con unas pocas monedas que guardaba en el bolsillo de mi camisa. Cuando salimos de la tienda estaba anocheciendo; por tanto le ofrecí mi compañía, apoyándome en el hecho que a esa hora la inseguridad se apoderaba del lugar; caminamos hacia su casa y luego de preguntarle con disimulo muchas cosas, me enteré que se llamaba Mirtha Callejas, llevaba pocos días en el pueblo y había tomado en arriendo aquella casa donde la vi entrar horas atrás, junto con su abuelita que se encontraba muy delicada de salud. Al parecer no tenía más familia y venia de una región donde la producción de frutas era bastante famosa y apetecida; se había convertido en profesora de preescolar por vocación y dentro de poco , sería la encargada de manejar la guardería que el alcalde le había prometido a sus electores en los tiempos de campaña política. No sé en qué momento logré sacarle tanta información, pero aproveché para hablarle de mí y presentarme, aunque en ese entonces como ahora, era un Don Nadie sin muchas cosas que contar; llegamos a la puerta de su casa, nos despedimos y desde ese momento nació nuestra historia sin siquiera presentirlo. Mirtha empezó a trabajar en la guardería y yo me las arreglaba para ir a recogerla a las 5 de la tarde cuando terminaba su jornada; yo era menor que ella, nunca la invité a comer, ni le compré flores, no tenía dinero ni siquiera para mis propios gastos, pero a ella no le importaba; le encantaba mi conversación y pasábamos horas enteras hablando de nuestras cosas, sentados en una esquina del parque presos de una extraña fascinación que no ha dejado de perseguirme todos estos años. Una noche después de visitarla en su casa me animé a demostrarle una fracción de mis sentimientos, sin imaginarme que esa decisión marcaria para siempre hasta mis emociones inexistentes, desconocidas y ataría mis pasos a las huellas de esa mujer que me obligaría a seguirla sin poder rehusarme. Empecé a acariciarle el rostro, lo hice con una ternura infinita que me asaltó por sorpresa; el silencio le agregó más misterio al momento y recorrí con mis dedos sus ojos, sus cejas, sus mejillas, sus labios... sus labios y sin darme cuenta una mágica fuerza me empujó hacia sus brazos, la abracé con delicadeza pero también con intensidad, como si alguien quisiera arrebatármela y yo me negara a soltarla; sin dejar de abrazarla gire mi cabeza buscando sus labios y puse los míos muy cerca casi rozándolos; estuvimos así mucho tiempo mientras pasaban apabullados los segundos observando aquel majestuoso encuentro. Después la besé y supe que le pertenecía a esa mujer, que por una razón que no lograba descubrir, ella estaría en mi vida para siempre aunque yo luchara por cambiar ese destino; todavía disfruto el sabor de sus besos entre mis recuerdos, los reconstruyo armándolos uno a uno como si fueran acertijos y las claves para resolverlos giraran sin parar en mi cabeza. Extraño todo lo que abriga su nombre, su voz que le hablaba directamente a mi corazón, sus manos delicadas que posaba en mi cuello cuando la besaba y su decisión de ir siempre agarrada de mi mano por la calle sin permitirme soltarla ni un solo instante. Nos enamoramos sin condiciones, sin promesas; compartíamos sueños en común y creíamos con firmeza, que estaríamos juntos para siempre sin importar lo que pudiera pasar. Recuerdo con claridad esa época maravillosa, todas las noches iba a comer a casa de mi novia y le hacíamos compañía a Dona Matilde su abuelita, que había perdido el habla años atrás y tenía problemas de movilidad con sus piernas; Mirtha la cuidaba en exceso, se levantaba todos los días muy temprano a prepararle los alimentos que luego empacaba en recipientes plásticos herméticamente cerrados y los ponía en su mesa de noche para que no tuviera que desplazarse hasta la cocina ; le organizaba la ropa, la bañaba, la vestía, desayunaban juntas y luego se dirigía hacia su trabajo recargada de energía. Sentía y disfrutaba el sabor a hogar que esas dos mujeres le imprimían a la casa; era común, reunirnos en el comedor después de preparar la cena con los ingredientes más sencillos que pudiera imaginarme y disfrutar al final de un delicioso plato digno de la realeza.

Mirtha era una mujer noble, sencilla, ingenua, soñadora, quería establecerse, formar un hogar y se entregó a mí sin contemplaciones después de pasar muchos meses juntos. Fue una tarde, que salió del trabajo más temprano que de costumbre y la invite a conocer un pequeño zoológico que a pesar de su abandono todavía contaba con unos pocos animales exóticos que disfrutaba ver; aunque nunca estuve de acuerdo con el cautiverio y esta celda me ha hecho entender a golpes que estaba en lo correcto, porque ahora soy yo quien mira a través de rejas y experimento la frustración de sentirme atrapado. Caminamos como siempre tomados de la mano, admirando el verde majestuoso que rodeaba ese lugar; los arboles de diferentes tamaños, unos tan viejos que sus raíces ya podían verse de forma superficial y el canto de los pájaros de diferentes especies que nos daban la bienvenida; pasamos por un puente artesanal hecho de madera que se movía a medida que lo cruzábamos y por fin llegamos a nuestro destino. Aun siento el aroma a césped fresco, la brisa que golpeaba nuestras caras como látigos de encanto y esa paz que envolvía el lugar sin explicaciones; estaba más solitario que de costumbre, por lo general a esa hora siempre hay visitantes, pero ese día no había nadie, ni siquiera vimos al administrador; ahora se, que fue una treta del universo que acomodó las piezas en su lugar para que viviéramos una experiencia que no olvidaríamos ninguno de los dos. Esa tarde, recorrimos el zoológico por completo, no nos quedó un solo rincón por visitar y justo al anochecer cuando veníamos de regreso y antes de cruzar el puente artesanal, decidí detenerme para abrazarla con más intensidad que de costumbre, ese arrebato surgió de pronto y me deje llevar sin analizarlo; Mirtha me correspondió, estaba pegada a mi cuerpo con una fuerza que me hizo estremecer y sentí su corazón latir a una velocidad tan increíble que el mío empezó a latir de la misma forma. Nos tendimos en la hierba, le quité la ropa sin prisa y la acaricié sin vergüenza cuando mirándome a los ojos sin hablar me dio permiso para hacerlo; estábamos muertos del susto, pues sin saberlo, esa sería la primera vez para los dos ¿ Pero acaso qué falta hace la experiencia cuando dos cuerpos quieren comunicarse? nos amamos con locura, ciegos a la cordura, mudos a las excusas, sordos a los razonamientos, dando vueltas en el remolino de nuestros deseos sin importarnos lo incomodo del lugar, ni las horas que estuvimos ahí ignorando el tiempo, ni las piedras minúsculas que se clavaban en la piel como pequeñas estacas; supe entonces que la felicidad tiene nombre de mujer y mi felicidad se llamaba Mirtha.

Nos vestimos lentamente y mientras lo hacíamos una sonrisa tímida y cómplice firmó con dulzura nuestro secreto, pues acordamos no contarle a nadie lo que había sucedido; desde ese día estuvimos juntos muchas veces, en los lugares más insospechados y a horas menos permitidas; me enamoré perdidamente y todavía sigo enamorado, quizás mucho más que antes. Luego las cosas empezaron a cambiar, después que en una de nuestras conversaciones me propuso que viviéramos juntos y que construyéramos poco a poco una familia; me asusté mucho y creí que con aquella propuesta intentaba presionarme o manipularme; peleábamos con frecuencia, algo que antes no sucedía y nuestra relación se tornó conflictiva y agobiante. Dejamos de vernos un tiempo para ver si las cosas mejoraban y ese tiempo se alargó tanto que nunca volvimos a saber nada el uno del otro; cortamos ese lazo que nos unía sin despedidas, sin preguntas, sin oportunidades de enmendarlo y hoy estoy aquí recordándote como siempre, anhelando tu voz, tu compañía, tu proximidad; la verdad nunca pude zafarme de ese sentimiento que permanece intacto a pesar de tu ausencia y se ha convertido en otra más de mis condenas. Mirtha mi amor, si pudieras escucharme, te diría que eres la única mujer que ha entrado en mi corazón con la firme intención de quedarse ahí para siempre, nadie ha ocupado tu lugar desde entonces; mis sentimientos por ti han florecido con más intensidad en medio de esta soledad y traigo a mi memoria toda la emoción que le presté a esos días que vivimos juntos y que jamás vinieron de vuelta. Contigo se quedaron todas las sonrisas que nacen desde el alma dejándome huérfano de alegría; porque fuiste luz y solo te ofrecí dudas, porque quisiste ser mi mujer y a cambio recibiste respuestas evasivas; cuánto diera ahora por volver a esa época y decirte SI sin vacilar, abrazarte con fuerza, protegerte y vivir mi vida a tu lado como tú lo deseabas. Tal vez, si hubiese tomado ese camino, no me habría perdido a mí mismo y no estaría aquí sintiéndome tan solo y desamparado de sueños; fuiste tan sabia cuando me dijiste que me arrepentiría de renunciar a lo nuestro y tenías razón, no he sido más que un vagabundo sin alma desde que perdí tu rastro, he extrañado incansablemente hasta las cosas que odiaba de ti que eran tan pocas, tus manías, tu forma de arreglarte el cabello, tu manera de nombrarme adornando todo con adjetivos; me llamabas "amor lindo", "amor hermoso", "papito precioso" y yo que veía todo eso como una cursilería ridícula daría mi vida entera por sentirme otra vez tratado de esa forma. Me encantaría que saltaras sobre mí como lo hacías antes, cada vez que nos encontrábamos; me abrazabas, me apretabas las mejillas con tus manos y me besabas sin parar hasta quitarme el aliento. Extraño todo de ti mi amada Mirtha y es caustico este deseo de volver a ti, cuando fui yo quien apago la ilusión con mis temores sin fundamento ¿Qué harás ahora? ¿Dónde estarás? ¿Te habrás casado? La última cosa que supe de ti, es que abandonaste el pueblo hace mucho tiempo, pediste traslado y nadie sabe tu paradero. Necesito encontrarte otra vez mi vida, aunque sea para mirarte de lejos si tus circunstancias actuales no me permiten acercarme; necesito salir de aquí y correr a buscarte en todos los rincones de este universo, aunque hallarte me duela más que perderte. Soy consciente que una mujer tan fantástica como tú no puede estar sola por ahí sin compañía, pero recurro a ese gran amor que nos tuvimos para imaginar que quizás me sigues esperando; sé que es algo estúpido, pero prefiero aferrarme a esa idea para que mi estadía en este lugar sea menos torturante. Algún día seré libre y mi libertad no tendrá sentido hasta que tú la enmarques con tu reluciente presencia; viviré cada segundo con la ilusión de sentirte cerca una vez más, una sola vez; no me importa si después de eso, te esfumas otra vez como sucedió hace años, no me importa si pierdo mi tiempo esperándote, si al final descubro que fue una espera inútil; asumo ese riesgo porque recordarte hoy me hizo sonreír de nuevo, me sentí vivo, le moviste el alma y el cuerpo a este ser inerte que ha muerto poco a poco sin tu consuelo ¡tú eres la mujer de mi vida y lo serás siempre! ¡Te amo Mirtha! Que extraño suena eso... Nunca te lo dije y di por sentado que tú lo sabias; lamento ser tan tonto al suponer y dar por hecho cosas que no me constaban; debí decírtelo muchas veces hasta agobiarte con mis palabras, debí demostrártelo todos los días para que no te quedaran dudas de mis sentimientos; perdóname por permitir que la distancia construyera un abismo entre tú y yo, por no buscar una escalera para cruzarlo, por darle motivos a los motivos de alejarte, por dejarte ir cuando todo mi ser me decía a gritos que estaba cometiendo un error, por convertirme en una guitarra destemplada tocando notas rotas, por hacerte llorar. Me ha dolido cada una de tus lágrimas, porque salieron de mis ojos aunque no las derramara; has estado cerca de mi aunque no sepamos nada el uno del otro, porque te amo, te amo de verdad; qué lástima que necesité llegar a este punto tan denigrante de mi existencia para reconocer que perdí al amor de mi vida. Te prometo que algún día volveremos a vernos, no sé cuándo, no sé cómo, pero viviré esta condena aliviado con la ilusión de mirarte de nuevo para pedirte perdón y decirte lo que nunca me atreví a confesarte. ¡Te amo Mirtha! ¡Te amo Amor mío!...

VI

Escapando del silencio

Recibí a mi mama el día de visita, han pasado más de dos años desde que accedí a verla; como de costumbre hablamos mucho y ahora nuestras conversaciones se han tornado distintas, profundas, constructivas y su apoyo incondicional me ha ayudado a soportar mis días aquí. No sé por qué pero hoy tiene una actitud distinta, está nerviosa y durante la charla permanece con la cabeza agachada, como si mil preocupaciones cruzaran por su mente; intento disimular por un buen rato que no me doy cuenta de la situación para no incomodarla más, pero al final el ambiente se torna más tensionante y sin rodeos le pregunto qué sucede; ella levanta la mirada y me comenta con algo de temor que mi hermano ha venido a visitarme, que está afuera y no se atreve a entrar por temor a mi rechazo. Un escalofrío me recorre el cuerpo y me pregunto en silencio ¿Mi hermano?

¿Qué hace Carlos Julio aquí? Nunca tuvimos la mejor relación y en todo este tiempo que he estado encerrado nunca se preocupó por saber de mí y ni siquiera me enviaba saludos; estoy anonadado, me quedo unos segundos en silencio y mi mama me mira fijamente con angustia temiendo que mi reacción no sea positiva. Pero algo dentro de mí me motiva a averiguar las razones que tuvo mi hermano para venir y acepto recibirlo; ante mi respuesta, mi madre cambia su semblante de manera instantánea, está feliz, su cara tiene una expresión de paz y de sosiego que no le había visto hace mucho, se despide de mí y corre a llamarlo. El reglamento de la cárcel impide que entren dos personas a visitar al mismo recluso, por eso mi hermano entra solo caminando muy despacio; está acercándose hacia mí y lo veo más delgado, sus ojos negros con cejas pobladas que quizás heredó de mi padre están apagados, unas marcadas ojeras que evidencian un deterioro en su salud me congelan la sangre, tiene los labios secos, su piel luce muy pálida y en la cabeza lleva un gorro de lana que llama especialmente mi atención; pues mi hermano siempre odió los accesorios, era muy vanidoso y cuidaba mucho su apariencia física. Pronto está frente a mis ojos, me levanto de la silla y le extiendo mi mano para saludarlo; pero él se abalanza sobre mí y me abraza tan fuerte que me abraza por todas esas veces que no lo hizo quedando sin deudas y empieza a llorar como un niño desamparado dejándome sin armas, pues siempre se mostró como hombre fuerte con poca sensibilidad, de quien jamás recibí expresiones de afecto. Me dejo llevar por ese momento, lo abrazo con la misma intensidad y siento que estamos conociéndonos por primera vez, descubriendo un vínculo más allá de la sangre que corre por nuestras venas; lo invito a sentarse y él no deja de agarrarme la mano en un acto desesperado; entonces lo miro con consideración y empiezo a hablarle; le pregunto por qué ha venido a verme y hubiese querido no preguntárselo para no escuchar la triste respuesta *"Me estoy muriendo"* dijo con la voz ahogada, paralizando por un instante el ritmo tranquilo de mi corazón; siento mil cuchillos imaginarios atravesándome de lado a lado y un dolor frío me invade el alma, un dolor más fuerte que el que sentí cuando me encerraron en este lugar. En silencio me levanto, lo abrazo de nuevo, dejo que mis brazos hablen y le manifiesten mi apoyo; cuando está más tranquilo retomamos la conversación y me dice:

Hermano: Tengo cáncer, me enteré hace pocos meses y se encuentra en un estado tan avanzado que mi doctor no me dio muchas esperanzas; mi hígado se ha deteriorado de manera vertiginosa, después de ignorar por muchos años los síntomas estomacales que me aquejaban. Estaba muy ocupado con mi ilusión de crecer profesionalmente y centré mi atención en eso, olvidando hasta mi propia familia; sé que siempre fuimos como dos extraños, nunca tuvimos tiempo para contarnos nuestras cosas y debe parecerte muy insólito que te haya buscado justo ahora; pero tengo motivos más fuertes que mi orgullo para reconocer que te necesito. Lamento no haber sido tu compañero de juegos cuando éramos niños; siempre te vi como mi rival, como un enemigo y creo que en algún momento hasta llegué a odiarte y a odiar todo lo que eras y lo que hacías; recuerdo que discutíamos todos los días a la hora del almuerzo o de la cena por cosas insignificantes o porque simplemente hacías ruido mientras saboreabas los alimentos; compartimos por muchos años la misma habitación y nunca hablamos, jamás nos deseamos las buenas noches y sentía que eras un intruso ocupando un espacio que desearía solo para mí. Me molestaba que mi mama te consintiera tanto a pesar de tu forma tan inapropiada de tratarla; me sacaba de casillas tu comportamiento en el colegio, eras tan indisciplinado que me avergonzaba llevar el mismo apellido y era preso de burlas por parte de mis compañeros que de cierta forma me cobraban tus actos aunque yo no tuviera la culpa. Ya cuando llegamos a la adolescencia, fue decepcionante descubrir que además de pésimo estudiante, mi hermano mayor era un vago sin aspiraciones, que luego terminó sumido en los excesos de la droga y el alcohol; yo en cambio siempre quise surgir, tener todo lo que mi mama nos había negado por escasez de recursos, me reconocía como un ser inteligente, ambicioso, disciplinado, ordenado, aplomado, juicioso y sabía que con esas características alcanzaría grandes logros en la vida. Terminé el bachillerato antes que tú y por mis buenas calificaciones logré entrar becado al Instituto Técnico de San Paul, el más prestigioso de la región; allí me gradué como Técnico en Mecánica Automotriz y rápidamente con la ayuda de mi tutor encontré trabajo en Danter, una empresa extranjera que distribuía repuestos originales para autos y tenía una sucursal en el pueblo; me pagaban muy bien y lo primero que hice cuando recibí mi primer sueldo, fue abandonar la casa e irme a vivir solo en un apartamento donde tu presencia no me atormentara.

Sabía que te drogabas aunque nunca te confronte ni le conté nada a mi mama; me repugnaba entrar a la habitación y sentir el olor de tus cigarrillos que intentabas ocultar debajo del colchón cuando entraba sin avisar; estaba harto de ser testigo de tu autodestrucción y preferí escapar de todo eso. No quería que me relacionaran contigo, eras muy poca cosa para presentarte a mis amigos y a mis compañeros de trabajo; cuando me preguntaban por mi familia solo hablaba de mi mama, tú me dabas vergüenza, mi papá nunca existió para mí pues estaba muy pequeño cuando nos abandonó. Empecé una nueva vida, creyendo que nunca te necesitaría y hoy el destino ha echado por tierra todas las fortalezas que creí inamovibles y se han convertido en polvo dejándome sin piso; los amigos que creía fieles se hicieron a un lado, huyendo de mi como si tuviera peste; los compañeros de trabajo se han aprovechado de mi situación para pelearse como hienas mi puesto de trabajo, afirmando que no tengo muchos días de vida y mi enfermedad me impide generar buenos resultados en la compañía. El dinero que tenía en el banco se ha ido esfumando poco a poco, pues las quimioterapias me dejan muy débil y compro productos naturales de mi propio bolsillo para contrarrestar sus nefastos efectos; abandoné el apartamento y he vuelto a vivir con mi madre a la que no visitaba hace mucho. Nunca tuve un detalle con ella, ni le colaboré con un centavo, pensando erróneamente que no era mi responsabilidad y ahora como una ironía de mis equivocaciones, se ha convertido en mi enfermera particular dándome una lección de humildad que logró tocarme y me empujó a visitarte. Hoy en día comparto mucho tiempo con ella y le colaboro con los gastos, pues también está delicada de salud; ya no recibe tantas costuras como antes y sus piernas se inflaman y le duelen mucho por pasar tanto tiempo sentada frente a la máquina de coser. Quiero estar a su lado mientras Dios me dé vida, recuperar lo que perdí y eso te incluye a ti hermano.

Necesito pedirte perdón por mi inconsciencia, por no apoyarte cuando quizás necesitaste mi ayuda, por no escucharte, por cerrarte las puertas de mi vida y echarte de mi corazón; perdóname porque no me dolía tu suerte, por creer que lo merecías, por mirarte con rencor y sacarte en cara cada una de tus equivocaciones; por decirte que eras un fracasado sin futuro, un despojo humano que no merecía estar en este mundo; Perdóname por ser tan cruel, tan drástico, por olvidar que eras solo un ser humano con problemas buscando una salida.

Me siento responsable por no haber venido a visitarte antes, tú también me necesitabas y yo te di la espalda; por eso si después de mi confesión me pides que me vaya y que no vuelva, no voy a juzgarte, ni mucho menos voy a odiarte por eso, estás en todo tu derecho de tomar la decisión que mejor se acomode a tu forma de pensar y de ver la vida. Pero estoy aquí porque te necesito, no me canso de repetírtelo, quiero seguir visitándote todos los domingos, quiero motivarte en medio de mi sufrimiento para que luches por salir pronto de aquí, mi mama te necesita y espero que tú te hagas cargo de ella cuando logres tu libertad; yo no tengo mucho tiempo y espero dejarla en tus manos.

Esas últimas palabras me sacuden como trapo a merced del viento y me pregunto en silencio ¿Salir pronto de aquí? ¿Hacerme cargo de mi mama? ¿Luchar por mi libertad? ¿Acaso mi hermano se ha vuelto loco? Pero no digo nada, guardo silencio y después de escucharlo hasta el final, aprovecho el poco tiempo de visita que nos quedaba para expresarle a viva voz lo que tenía guardado dentro de mí.

Carlos Julio, hermano: No tengo nada que perdonarte, gracias por venir a sincerarte conmigo, crecí con la idea que no me querías y eso me hizo mucho daño; siempre anhele encontrar en ti un amigo, comentarte mis cosas y hasta pedirte uno que otro consejo aunque fueras dos años menor que yo. Admiraba tu disciplina y en el fondo anhelaba ser como tú eras, convertirme en un ejemplo a seguir y no en una escoria a la que todo el mundo hiciera a un lado; te veía por las noches cuando llegabas cansado del Instituto Técnico donde estudiabas y fui testigo muchas veces de tus trasnochos leyendo un libro o realizando un trabajo; mientras yo en medio de mi basura disfrutaba de tu compañía aunque me trataras como un extraño. Intente hablarte en muchas oportunidades y lo único que recibí de tu parte fue una mirada inquisidora y condenatoria, no me regalaste el beneficio de la duda y simplemente asumiste que yo era lo peor; me dolía sentir tu odio, cuando nunca hice nada para merecerlo; yo hubiese querido que fuéramos juntos al colegio, que nos reuniéramos en la hora del descanso y nos contáramos cómo estuvo nuestro día; pero me castigabas con tu rechazo, con tu displicencia y entonces empecé a creerme lo que me decías sumiéndome en el destino que pensé que merecía. Me drogaba por soledad, porque encontraba en el vicio una válvula de escape a mi tristeza, a mi soledad, a mi impotencia; no era un hombre digno de nada, no merecía estar en este mundo como tú lo afirmabas y me consumí en esa realidad; caí al pozo más profundo que te puedas imaginar y quizás si hubieras estado ahí , me hubiera apoyado de tu mano y no hubiese caído tanto; pero verte hoy aquí, ha conmovido las fibras más recónditas de mi corazón y ese cariño que tenía para ti y que escondí por tantos años para no incomodarte es ahora tuyo, te lo entrego, te pertenece. No soy nadie para culparte, ni para echarte en cara lo que vivimos, tal vez porque los dos fuimos responsables de esa historia y no hicimos nada para cambiarla; nos dejamos llevar por el amor propio, por el orgullo y esa fue nuestra principal condena. Puedes venir aquí las veces que quieras, aquí voy a estar para escucharte, para saber de tu vida, de la evolución de tu enfermedad, de tus miedos.

¿Sabes? Yo también tengo muchos y si somos dos podemos espantarlos más fácilmente ¿No crees?

Perdóname por no ser el hermano que soñaste, por defraudarte, por la vergüenza que te hice sentir por tantos años; tú no tenías por qué cargar con mis errores, siempre fuiste un hombre bueno, correcto a pesar de todo y yo me miraba en tu espejo espantándome con el reflejo de mis equivocaciones. Te lo repito, yo quería ser como tú, seguirte, convertirme en tu orgullo, en tu ejemplo a seguir y tú terminaste convirtiéndote en eso, en mi ejemplo, en esa meta que quería alcanzar, en ese sueño difuso que anhelaba volver realidad. Envidiaba tu inteligencia, tu tesón por lograr objetivos, tu responsabilidad para asumir las riendas de tu propia vida; pues yo me había convertido en todo lo que tú no eras y me molestaba; era agotador cuando iban las amigas de mi mama a visitarla y te ponían encima toda clase de adjetivos positivos, te admiraban de verdad y me llenaba de terror cuando decían a mis espaldas "Pobre de ti Carmenza con ese hijo que te tocó, tú no te mereces eso, salió igualitico al papá" esas palabras me enterraban vivo cada vez que las escuchaba; no te imaginas cuantas veces lloré solo, encerrado en mi habitación sintiéndome abandonado hasta de mí mismo; tú no sabes cuantas veces dije tu nombre a baja voz suplicando que me dirigieras la palabra y me miraras con un poco de ternura. Yo quería que me trataras como tratabas a tus amigos; eras tan amigable, todo el mundo te quería y me frustraba que fueras tan dócil con ellos y tan adusto conmigo. Te necesitaba, pero descubrí que te necesito más ahora, porque somos adultos y los dos podemos cargar con las circunstancias negativas que nos acosan y vencerlas juntos; hoy naciste para mí de nuevo y serás mi hermanito menor al que protegeré más allá de mis propias posibilidades; como bien sabes, estaré encerrado aquí por mucho tiempo y tu compañía hará que el horror se torne un poco más manejable. ¡Gracias Carlos Julio, Gracias Hermano por venir!

Nos abrazamos otra vez y por fin nuestras almas estaban en libertad después de tantos años de permanecer prisioneras en la cárcel de nuestro inútil distanciamiento. Le envío saludos a mi mamá y me dirijo hacia mi celda como siempre, sin antes advertir por enésima ocasión esa sombra que se desliza con rapidez, desde la esquina que daba a mi cuarto. ¡No puede ser! exclamo espantado, tiene que ser ese hombre que ha estado espiándome y que había dejado de acosarme. Un frio sepulcral me invade el cuerpo y casi temblando entro a mi celda preso del pánico, creyendo que quizás se trata de un psicópata que está buscando la forma de matarme sin dejar huellas ¡Tiene que ser eso! digo en silencio ¿Qué otra razón tendría un desconocido para espiarme en mis horas de visita, observarme en la cafetería y huir de mí para que no lo descubra? Pienso entonces si todo esto tendrá relación con las hojas de cuaderno que aparecen desde hace meses en mi celda donde siempre leo el mismo mensaje "Te Vigilo". Esclavo de mis pensamientos y suposiciones me quedo dormido por fin después de la media noche.

VII

Nuevos Amigos

La conversación que tuve con Carlos Julio fue más motivante de lo que pensé; sus palabras habían calado en mi corazón cambiando por completo mi percepción de las cosas. Hoy me desperté con la firme intención de hablar con mis compañeros reclusos a los que siempre vi como amenazas y que compadecía en silencio por creerlos peores que yo; muchos de ellos fueron condenados por crímenes atroces y los miraba como enfermos apestosos que no merecían mi compañía. Me dirigí hacia la cafetería a desayunar y esta vez no busqué la mesa más aislada del lugar; busqué una donde se encontraba un grupo de tres personas que estaba justo a la entrada y sin preguntar si podía acompañarlos, acerque una silla y me senté con ellos en silencio. Los escucho hablar por mucho tiempo mientras yo disfruto mi desayuno; me alegra sentir que no me rechazaron como temía, dado que siempre comía solo y no le dirigía la palabra a nadie. Me acompañan en la mesa dos mujeres fornidas entre 40 y 48 años, una con el cabello rubio destruido por tanto tinte, gorda, muy blanca pero con la piel manchada, ojos oscuros, marcadas ojeras y los labios resquebrajados; la otra con el cabello corto estilo militar, castaño con algunas canas, ojos claros y marcas de quemaduras en el cuerpo; también se encuentra un hombre de unos 56 años, calvo, de complexión delgada, baja estatura, moreno y con una dentadura muy blanca. Termino de desayunar, me dispongo a retirarme, cuando una de las mujeres me habla en tono amistoso, me invita a quedarme un rato más y yo acepto sin vacilar; porque mi intención esta mañana es la de integrarme un poco y veo en esa invitación una excelente oportunidad para lograrlo. Nos quedamos allí muchas horas, con la complicidad del tiempo que tenemos a manos llenas; hablamos de todo un poco, de política, de la cárcel, de los reclusos, de la comida, de la incomodidad de las celdas, de la soledad. Griselda, la mujer de cabello rubio hace alarde de su excelente sentido del humor contando unos chistes fuera de tono que nos hacen reír a carcajadas; Indira es la otra mujer a la que le descubro con rapidez una dificultad para reírse ocasionada por sus múltiples cicatrices resultado de quemaduras y Gonzalo es el hombre moreno con mirada triste que está justo a mi lado. De un momento a otro, empezamos a hablar de nuestras vidas, de los motivos que nos orillaron a caer en este lugar; primero es Indira la que se anima a contar su historia y todos permanecemos en silencio; yo soy el único que no la conoce, ellos traen a colación ese tema con regularidad para liberar un poco la tensión y ya conocen con sumo detalle sus relatos de vida.

Soy Indira Castro, tengo 45 años, fui condenada a 23 años de prisión por haber matado a mi esposo en defensa propia y llevo 7 años recluida. Crecí en un hogar muy humilde donde pasar hambre era una costumbre, no teníamos casa propia y nos desalojaban con frecuencia de los lugares donde estábamos en arriendo por retrasarnos con los pagos; nunca fui a la escuela y aprendí a leer y a escribir aquí en la cárcel gracias a las clases de

Griselda; trabajé desde muy pequeña con mis 4 hermanos vendiendo dulces en los semáforos, mi mama lavaba ropa ajena y mi papa arreglaba toda clase de electrodomésticos. Desde niña entendí que la escasez era una especie de karma que arroparía mi vida como una sombra gigantesca; no era muy amiguera, pero cuando cumplí quince años empecé a relacionarme con Melissa, una vecina del barrio donde vivía en aquel entonces, tenía la misma edad que yo y había experimentado tantas cosas a su corta edad que se comportaba como una mujer mucho mayor. Un día me invito a una fiesta en su casa y fui por curiosidad; fue tan extraño y espantoso todo lo que sucedió en ese lugar, que prefiero no hablar de ese tema; el caso es que esa noche Melissa me presentó un muchacho de 20 años mal vestido, con tatuajes por todas partes, con la cabeza rapada, muy flaco y con una cara difícil de descifrar; ese sin saberlo fue el inicio de una crónica de lágrimas, sufrimientos, decepciones, mal trato y destrucción.

Se llamaba Oscar y en un principio se portó como un caballero conmigo, me conquistó, me enredo de tal manera que al final solo veía a través de sus ojos; no era romántico pero aparecía en mi casa con víveres para la cena que compraba no sé cómo, me llevaba joyas, y me invitaba a pasear con frecuencia en una motocicleta de alto cilindraje de la que no tenía papeles, ese hecho lo obligaba a usarla después de la media noche cuando las calles estaban más solitarias y los policías no aparecían. Me sentía afortunada, creía que había agarrado el cielo con las dos manos, me enamoré profundamente de ese hombre y caí en su red de mentiras imaginando que quizás cuando estuviéramos viviendo bajo el mismo techo su personalidad dispersa y agresiva cambiaría. Al poco tiempo quedé embarazada de mi primer hijo y nos fuimos a vivir juntos; desde ese momento fui presa de toda clase de maltratos, de golpes, de palabras soeces, de sus malos hábitos, de sus pésimas amistades, de sus robos constantes, de soportarle infidelidades una y otra vez, de sus excesos con el alcohol. En muchas ocasiones estuve enferma por infecciones que él me contagiaba después de revolcarse con prostitutas y soporté todo eso por 22 años ininterrumpidos porque era madre de 3 niños y no quería que crecieran sin padre. Una noche, hace 7 años llegó más borracho que de costumbre, alegando que yo lo había estado engañando con otro hombre y que iba a matarme; me asusté mucho porque nunca le fui infiel. Corrí hacia la cocina temiendo por mi vida y me escondí detrás de una cortina que usaba para cubrir los utensilios de cocina que guardaba en la parte baja del mesón ; no sé cómo se enteró que estaba allí, pero tomó una olla de agua hirviendo que yo había puesto en la estufa pocos minutos antes para prepararle café a mis hijos, corrió la cortina y sin mediar palabra me lanzó el agua caliente y con el dolor indescriptible que sentí ,corrí hacia la puerta para pedir ayuda a los vecinos; pero él me tomó de un brazo y empezó a golpearme con violencia; entonces en un arranque de furia me solté y lo empujé hacia la pared sin recordar que justo en ese lugar había una puntilla enorme, que pusimos para soportar la cortina de la habitación ; cuando me di cuenta, la tenía incrustada en su cabeza y murió de forma instantánea. Salí gritando a la calle, los vecinos llamaron una ambulancia y luego de pasar 2 meses en el hospital curándome las quemaduras de tercer grado que me infringió ese hombre, la justicia me encontró culpable de asesinato y me sentenciaron sin derecho a defenderme; se llevaron a mis hijos a vivir en una casa hogar que el gobierno ha dispuesto para los niños maltratados, sin padres o con problemas de comportamiento y no he vuelto a verlos desde entonces. Eso me ha dolido más que estos días grises encerrada en esta prisión, abandonada por mi familia, sin dinero para pagar un buen abogado que se ocupe de mi caso, sin ilusiones, sin posibilidades. Sin ellos, siento que he perdido todo, hasta el palpitar de mi corazón que sobrevive sin hacer ruido en medio de mis entrañas; ya no me acompañan las emociones espontaneas que provocaban mis retoños con sus travesuras, sus caritas dulces y su voz diciéndome MAMA. Me he quedado sola, en un mundo que gira en mi contra, sacándome de sus planes, de sus ejes, como si fuera una intrusa sin derecho de admisión; respiro por costumbre, me muevo como un ente en medio de estas paredes que no son tan malolientes como las fronteras que marcan mi existencia; estoy cansada de vivir y la muerte me castiga dejándome de ultima en su lista; deseo olvidar y la memoria se burla de mi intento, trayendo las imágenes nítidas de mi pasado sin reservarse nada, torturándome en silencio. A veces quiero gritar para exorcizar mi dolor, mi angustia; me he quedado sin fuerzas para luchar, ya he muerto y estoy viviendo en el infierno.

Sus palabras cargadas de emoción me recuerdan que no soy el único que sufre, que había perdido la oportunidad de conocer el mundo real que me rodea por prevenciones absurdas; por un instante me siento parte de su dolor, comparto su desesperación y mi carga emocional se torna menos agobiante. Esa mujer ha perdido más que yo, me siento egoísta por encerrarme en mi propio calabozo, creyendo que de esa forma me evitaría más decepciones y ¡qué equivocado estaba! Indira necesitaba que alguien la escuchara y yo estaba ahí por primera vez abriéndole mis oídos a su flagelante testimonio, dejándome envolver por su tristeza , asumiéndola como propia y reconociendo que no somos otra cosa que masas de carne, que ignoramos con frecuencia el alma a la que dejamos de alimentar hasta convertirnos en demonios con forma. Me quedo atónito con cada una de sus palabras que no son otra cosa que fotocopias de mi propia tragedia; yo también he perdido todo, yo también me he quedado sin esperanza; pero inusitadamente, empiezo a ver una luz al final del túnel, empiezo a creer y a tener fe que todo puede cambiar; no se los hago saber a mis compañeros en ese momento, pero algo dentro de mí está cambiando de manera sorprendente. Le toca el turno a Griselda, quien sin duda fue una mujer hermosa en su juventud; pues sus rasgos aún se conservan a pesar de la dureza de su mirada, su forma de expresarse es muy agradable y escucharla es un verdadero alivio en un mundo donde las palabras vulgares están a la orden del día.

Soy Griselda Marcos, tengo 49 años, fui condenada a 15 años de prisión por narcotráfico y me faltan cinco para cumplir mi pena. Mi historia no es menos triste que la de Indira (A quien le dirige una mirada con dulzura) nací en una familia de clase media, mi papá era teniente del ejército y mi mamá trabajaba como secretaria en un juzgado; fui hija única y aunque nunca me hizo falta nada y mis padres me brindaron una buena educación no me sentía conforme con mi suerte. Hice 3 semestres de odontología y me retiré de la universidad porque creí que el estudio no me sacaría de pobre y quería tener muchísimo dinero; era alta, hermosa, educada, mis piernas eran tan largas y delgadas que lucían interminables cuando usaba minifalda, mantenía mi cabello muy largo y rubio gracias a los tintes de marca que adquiría en el salón de belleza al que acudía con regularidad para que luciera saludable; todos los hombres se volvían locos conmigo y yo sentía que podía lograr todo lo que me propusiera apoyándome en mi belleza física. Cuando cumplí 20 años y estaba a punto de desertar de la universidad, una amiga que estudiaba conmigo en ese entonces me presentó a Joaquín Moscoso un acaudalado empresario que manejaba dos reconocidas agencias de modelaje; el encuentro se dio en una reunión de egresados que la institución educativa organizaba todos los años y que atraía un gran número de exitosos profesionales; en cuanto lo vi quedé anonadada con su educación y su forma de expresarse, tenía modales exquisitos. era guapísimo y tenía dinero, mucho dinero. Eso era lo que yo deseaba y seducida por aquella maravilla empecé a salir con él desde esa noche; estaba fascinado conmigo, me convertí en su compañera inseparable, íbamos juntos a todos lados, me hacía toda clase de invitaciones que atizaban la hoguera de mi ambición, visitamos todos los bares que existían en la ciudad; de un momento a otro me volví socia de los clubes donde antes me rechazaron por no tener suficiente estirpe ni cuentas bancarias, recorrí muchos países volando en primera clase, me atendían en los mejores salones de belleza y en los restaurantes más peculiares donde podía pedir lo que quisiera sin preocuparme por la cuenta. Estaba viviendo mi paraíso y pensé que viviría así por el resto de mi vida; dejé la universidad y después de pasar muchos meses rodeada de lujos sin preocuparme por nada, todo empezó a tomar un rumbo insospechado; cuando en medio de una noche de copas, Joaquín me propuso algo que en un principio consideré inaceptable pero luego terminé aceptando por los beneficios económicos que esa decisión me traería. Debía convertirme en una acompañante (por no decir prostituta) tenía que acostarme con hombres extranjeros y millonarios que fantaseaban a menudo con mujeres exóticas; me pagarían muy bien por una noche o por un fin de semana y la posibilidad de mejorar mis finanzas hizo que mirara todo con unos ojos más permisivos y menos moralistas. No recuerdo con claridad cuantas personas pasaron por mi cama, yo simplemente me divertía, pasaba un buen rato y me emocionaba al final contando mi dinero; estaba fascinada con mi nueva vida, me sentía importante, poderosa y por fin me había desligado de ese pasado de limitaciones que me hacían sentir menos que los demás.

Visitaba tiendas de marca, me vestía con ropa traída de Europa, mis accesorios eran diseñados especialmente para mí por una joyería muy reconocida; me codeaba con presidentes, ministros, embajadores, gerentes y hasta jeques. No me hacía falta nada, salvo la dignidad que perdí a muy temprana edad, cuando tomé la decisión de hacer lo que fuera necesario para lograr mi sueño de ser millonaria. Estuve muchos años inmersa en ese mundo de lujos y excesos, olvidando por completo todo lo que sucedía a mi alrededor, me alejé de mi familia, abandoné a mis amigos, me volví alcohólica y esa dependencia le agregó un ingrediente más a mi receta de autodestrucción. Sin darme cuenta fui cavando mi propia sepultura, cuando uno de mis clientes me invitó a viajar por unos días a un país que siempre quise conocer, con todos los gastos pagos, ofreciéndome por mis servicios un salario exorbitante que no podía rechazar bajo ninguna circunstancia; pero aquel viaje maravilloso se convertiría en una pesadilla que me trajo a este lugar, enterrando para siempre todas mis ilusiones. El vuelo salió a las 5 de la mañana y mi cliente se encargó de mi equipaje, ya en el avión todo transcurrió normal, dormí la mayor parte del tiempo y me dispuse a disfrutar de mi aventura. Cuando llegamos a nuestro destino y nos disponíamos a recoger las maletas, un policía con cara de antisocial se acercó y sin mediar palabra me tomó del hombro y me llevo forcejeando hacia un cubículo ubicado muy cerca de la pista de aterrizaje; le pregunté qué pasaba y me respondió con otra pregunta ¿Podemos revisar su equipaje? Yo le dije que sí, que no había ningún problema, aparecieron dos perros enormes que se abalanzaron sobre mis maletas con una desesperación indescifrable; miré a mi alrededor buscando a mi cliente y no estaba por ningún lado, se había ido, abandonándome a mi suerte en un país que no conocía y sin la más remota idea de cómo defenderme de algo que no hice. Los policías abrieron las maletas y horrorizada vi como sacaban una gran cantidad de droga que yo no puse ahí; quizás cuando fui a retocarme al baño justo antes de abordar el avión, mi cliente aprovechó para guardar la cocaína en mi equipaje sin despertarme sospechas y ahora estaba ahí indefensa, sola, perdida a punto de seguir una horripilante dirección que me robaría lo más valioso que tenía y que no valoraba "Mi libertad". En el cubículo me requisaron hasta los tendones, nunca me había sentido tan humillada; de nada sirvieron mis suplicas alegando mi inocencia, de nada sirvió mencionar a mi cliente como único responsable de aquel cargamento, pues el nombre que me dio resultó ser falso y ese hecho hizo recaer más sospechas sobre mí. En pocos días fui deportada a mi país en calidad de detenida luego que un abogado de turno sin escrúpulos me consiguió ese beneficio con tretas; todo gracias a que le ofrecí una cantidad descomunal de dinero despojándome de gran parte de mis ahorros. Mi viaje de regreso fue desprovisto de emoción, pues todo el tiempo estuve custodiada como si fuera la más peligrosa de las criminales y en cuanto llegue a la pista de aterrizaje, la policía judicial estaba esperándome para ingresarme a esta cárcel que se ha convertido en mi mundo desde entonces. De mi familia no sé nada, mis padres perdieron hace mucho tiempo mi rastro y posiblemente imaginan que estoy viviendo en el extranjero o sigo haciendo mi gran vida al lado de Joaquín; me alejé de ellos, porque eran demasiado moralistas para mi gusto, no volví a responderle llamadas, me mudé y no les di la dirección para que no me vigilaran ni me cuestionaran por mis actos; quería escapar de su yugo, de su control y lo conseguí a un precio muy alto. Hoy irónicamente, daría cualquier cosa por verlos de nuevo, por escuchar sus sermones, por acompañarlos a almorzar, por jugar ajedrez en la terraza tomando jugo de frutas, por disfrutar a Shelo el gato persa que me regalaron para mi grado de bachiller y al que no le presté mucha atención en su momento. Es más, daría los pocos ahorros que me quedan si a cambio me regalaran unos años a su lado, escuchando a mi mamá rezando el rosario o a mi padre leyendo periódicos sin parar; anhelo visitar a mis amigos que no valoré, a mis vecinos que siempre fueron amables conmigo y a los que les respondía con indiferencia por creerme de mejor familia y percibirlos como muy poca cosa para tratarlos; si tuviera otra oportunidad, tiraría todos mis zapatos de marca, mi ropa fina, mis ínfulas de grandeza para desligarme de ese orgullo absurdo que me trajo hasta aquí vendándome los ojos. Como ustedes ven, mi cuerpo ha cambiado mucho, no soy la misma de antes, he subido mucho de peso, mi cabello es un verdadero desastre y mi piel me ha pasado factura por tantos años de excesos, mis manos lucen avejentadas y todo el brillo que me acompañó en la juventud se ha evaporado como burbujas en una copa de champaña; pero a pesar de vivir con esa realidad machacándome el cerebro, me siento más auténtica que nunca, aquí me he reconocido tal cual como soy, sentirme tan sola me ha obligado a escudriñar en los rincones de mi alma ,buscando esa paz que nunca encontré en el placer ni en los lujos, he descubierto talentos que no creí tener y ahora participo en los talleres de pintura de la cárcel convirtiéndome en una de las alumnas más destacadas. Mi profesor dice, que con seguridad el gobierno dará vía libre a una exposición, que están organizando hace mucho tiempo para mostrar en todos los centros penitenciarios del país las obras artísticas de los reclusos y yo figuro en esa lista. Todas las tardes asisto al taller y de esa forma escapo de tanta angustia que me produce sentirme encerrada; disfruto mezclando los colores y plasmando imágenes y paisajes en lienzos a los que puedo darles vida con mis manos; es maravilloso embadurnarme de pintura, manchar mi delantal con diferentes tonalidades que abandonan sobre el un enredo de pigmentos indescifrables pero raramente motivantes y esas pequeñas cosas me mantienen con esperanza , me brindan la posibilidad de habitar por un rato en otro universo más tranquilo que esta prisión que me aplasta como a una tachuela sobre el piso. Cuando salga de aquí, me dedicaré al arte, esta vez no voy a buscar banalidades, voy a intentar ser feliz con mi alma más liviana y mi cuerpo mucho más limpio de la mugre que le impuse en el pasado, quiero encontrar un hombre para envejecer a su lado y aunque sé que no cualquiera se atrevería a salir con una ex convicta yo no pierdo la fe, deseo tener un hogar bonito y si puedo adoptar dos bebes mi dicha estaría completa. Creo que cada quien es viejo en la medida que le dé permiso al tiempo para derrotarlo y yo siento que todavía tengo muchas cosas por hacer y muchas cosas para dar; sé que puede parecerles absurdo pero le agradezco al destino haberme traído hasta aquí, porque reconocí mis errores y ahora solo pido tiempo para enmendarlos. Anhelo una segunda oportunidad y día a día lucho contra la amargura que procura vestir mi cara con una expresión que no me gusta, deseo volver a sonreír, llenar mi espíritu de razones para aflorar victorioso y feliz a través de mis ojos; ya no quiero refugiarme en el alcohol como lo hacía antes, cuando me sentía sucia y quería escabullirme de mi miseria humana; pues aunque tuve muchísimo dinero, por dentro siempre me sentí más vacía que los bolsillos de un limosnero y no voy buscar otro túnel sin salida para escapar de este que me mantiene atrapada entre rejas. Ansío terminar mi carrera de odontología aunque sea en una universidad a distancia, atender a mis pacientes, recuperar el valor de la solidaridad que siempre estuvo rondándome y que procuraba aniquilar dentro de mí para no mostrar mi lado más sensible.

Tengo tantos sueños, tantas ilusiones y los guardo en mi corazón mientras la tristeza de este lugar amenace con extinguirlos; no dejaré que la adversidad me venza, yo seré más fuerte que todas las tribulaciones y al final veré la luz aparecer en medio de las sombras.

Me quedo estupefacto con el relato de Griselda, descubro que detrás de su cara de pocos amigos, existe un ser humano valioso, con ganas de superarse y dejar atrás los malos momentos; admiro su posición frente a la vida, su ilusión de formar un hogar a pesar de no ser una jovencita, su determinación y su claridad sobre las cosas que hará cuando salga de aquí. Luego sigue Gonzalo con su historia, se nota que es un hombre de pocas palabras; pero tanto Indira como Griselda lo animan para que cuente todo con detalles.

Soy Gonzalo Bohórquez, tengo 54 años, fui condenado por fraude a 18 años de prisión, de los cuales he pagado 11. Nací en el seno de una familia campesina humilde pero trabajadora, teníamos una finca en una vereda muy distante de todo, no teníamos acueducto, ni luz eléctrica e invertíamos gran parte del tiempo cultivando hortalizas en una huerta artesanal que mi papá construyó con ayuda de mi hermano mayor; mi abuelo materno vivía con nosotros desde que se quedó viudo y se encargaba de dirigir los trabajos de la tierra, pues tenía muchos conocimientos al respecto; mi mamá era su hija preferida y yo su nieto más querido. Crecí en un ambiente feliz a pesar de las limitaciones y la naturaleza fue testigo de mis primeros años escolares en una institución educativa, ubicada en la parte más alta de una colina y a la que llegábamos mi hermano y yo a lomo de mula. Fui excelente alumno, aprendía muy rápido y me esmeraba por terminar mis tareas a la mayor brevedad posible para correr a la huerta a trabajar con mi papá y con mi abuelo; el negocio familiar progresaba a pasos agigantados y pronto expendíamos verduras no solo a los vecinos del lugar, sino que además los mayoristas que vendían productos en las plazas de mercado venían a comprarnos a nosotros toda la cosecha, obligándonos a parcelar nuestra tierra y a realizar siembras constantes para poder hacerle frente a la demanda. En la huerta se trabajaban las 24 horas del día y al final se contrataron más trabajadores para cumplir con todas las labores del campo; todo marchaba sobre ruedas, teníamos dinero suficiente para los gastos del hogar; mi papá remodeló la casa y ahora cada uno tendría su propia habitación, luego de dormir por mucho tiempo amontonados en un solo cuarto. Cuando mi hermano se graduó de bachiller, decidió enlistarse en las filas del ejército; por supuesto mis papas estaban orgullosos por esa decisión y lo apoyaron en todo. Yo me quedé en la casa y cada día me apasionaba más con las labores de la tierra, me parecía fascinante cuidar las plantas, abonarlas, regarlas y calcular el tiempo apropiado para recogerlas; laboraba por las tardes cuando llegaba de la escuela y en las noches colgaba una hamaca muy cerca de la huerta para ver las estrellas, sentir el aire fresco y el olor mágico de las verduras; me gustaba vigilar a los trabajadores que cultivaban a esa hora, para cerciorarme que estuvieran haciendo las cosas de forma correcta a pesar de mi corta edad. Cuando alcancé mi título de bachiller abandoné a mis padres y me fui a vivir a una población cercana donde estudiaría agronomía; tenía hambre por aprender, necesitaba adquirir conocimientos, para luego aplicarlos en la huerta de mi familia y convertirla en la más prospera de los alrededores. Mis padres podían darme la carrera con holgura y quise aprovechar esa fortuna para alimentarme de cultura y sabiduría; arrendé una habitación cerca de la universidad para evitarme los gastos de transporte y en tiempo de vacaciones regresaba a compartir con mis padres y mi abuelo. Durante la carrera obtuve las mejores notas y logré graduarme con honores; mi familia estaba muy orgullosa y el rector de la universidad me brindó la posibilidad de trabajar en una multinacional que tenía a cargo el cultivo de arroz en la zona; como era lógico acepté sin hesitar, pues una propuesta de esa naturaleza no se presentaría dos veces, considerando que estaba recién egresado y no tenía experiencia. Transcurrió el tiempo y cuando me di cuenta habían pasado 20 años trabajando sin parar en el mismo lugar y descuidando por completo la huerta familiar que dejó de ser productiva y sumió a mis padres en la tristeza, en medio de una vejez llena de achaques y contratiempos. Yo me dediqué de lleno a la multinacional, le entregué todo mi tiempo, mi energía, mis conocimientos y creí que era el momento adecuado para pedir un aumento de salario, dado que habían pasado 5 años desde que me autorizaron el último y necesitaba asegurarme de tener mejores ingresos, mientras cumplía la edad necesaria para alcanzar una pensión. Una mañana, me dirigí a la oficina del gerente para transmitirle mi inquietud; era un gringo fornido, alto, rubio, de ojos azules penetrantes y hablaba un poco enredado mezclando a menudo el inglés con el español. Nos tomamos un café mientras conversamos y cuando toqué el tema de mi aumento se enfureció y me dijo que la empresa estaba pasando por un momento difícil, que debía ser menos ambicioso y más considerado; pues gracias a ellos había trabajado durante tanto tiempo en un cargo que difícilmente hubiera alcanzado como principiante en otro lugar. Me sacó a gritos de la oficina, avergonzándome con mis demás compañeros y ese día me prometí a mí mismo que vengaría esa humillación. Sabía que pronto llegarían unas máquinas para recolectar arroz, cuya compra había estado gestionando desde hace meses; como yo tenía acceso a la contabilidad, alteré algunos recibos y puse un valor más alto que el pactado con la empresa proveedora, creyendo que nadie se enteraría de la malversación de fondos y que al final tomaría para mí el dinero sobrante de dicho negocio. Cuando llegaron las máquinas, me las arreglé para recibirlas personalmente y así evitar cualquier sospecha; pero no contaba con la malicia del gerente gringo que tenía puestos sus ojos sobre cada uno de mis movimientos. Sin titubeos se acercó hacia donde yo estaba y me pidió que le facilitara los papeles de la importación; sentí que el mundo me caía encima y fue entonces cuando reconocí que mi confabulación había sido un completo fracaso, que tal vez alguien se había dado cuenta de mis planes y fue a contárselo al gringo para perjudicarme. En pocos minutos la policía llegó al sitio y me trasladaron a la fiscalía que me imputó cargos por fraude y falsedad documental con todas las pruebas en mi contra; perdí mis derechos como empleado, fui destituido de mi cargo y ahora me encuentro aquí refundido en esta cárcel, lamentándome cada segundo de mi existencia por la decisión equivocada que tomé. Obré por venganza, quería ser victimario y me convertí en la única víctima; me apoyé en la idea equivocada que esa multinacional tenía mucho dinero y si me quedaba con una pequeña porción de su fortuna no sería un delito tan degradante después de todo, pues había trabajado para esa empresa gran parte de mi vida y nunca recibí los beneficios que merecía; muy tarde entendí que esa hipótesis era la más estúpida de todas y que debí buscar otra forma más legal de luchar por mis derechos como trabajador. Mis padres vienen a verme de vez en cuando porque ya están muy viejos y viajar no es el plan que más disfrutan, ellos están aferrados a su tierra y allí quieren pasar sus últimos días; con mi hermano no volví a tener contacto y yo me convertí en un solterón atemorizado con la idea del matrimonio, pues no quería poner en riesgo lo que había conseguido con esfuerzo gracias a mi trabajo y la idea de compartirlo no me hacía mucha gracia. Tuve muchas novias, disfruté la vida al máximo, compré varias propiedades y en el garaje del apartamento donde viví mis últimos días como ciudadano libre yacen 3 carros de alta gama, que se convirtieron en mis hijos adoptivos. Sí, así como lo oyen, los trataba como tal y me preocupaba por mantenerlos intactos como recién salidos del concesionario;

me imagino que después de todo lo que pasó terminaron en manos del gobierno, pues me escudriñaron hasta los pantaloncillos buscando más evidencias para acusarme. Fue difícil hacerme a la idea de perder todo lo que tenía, desligarme de mis apegos materiales y reconocerme sin un peso en el bolsillo, luego de pagarle honorarios a diferentes abogados que terminaron robándome sin contemplaciones aplicando sin saberlo la ley de la compensación. Ahora paso mis días entregado por completo a la jardinería, asisto a los talleres a diario y por mi buena conducta me han encargado el mantenimiento de las plantas en los alrededores de la cárcel, encontrando en esa actividad una forma de explotar mis conocimientos como agrónomo, de disipar mi soledad y de hacer mi estadía más llevadera.

Escuchando a Gonzalo y a Griselda descubro que he estado perdiendo mi tiempo, desechando la oportunidad de participar en alguno de los talleres que dictan en este lugar; les pregunto cómo funciona todo aquello, qué horarios ofrecen, cómo es el método de enseñanza y quién dicta las clases; poco a poco me intereso más y más por el tema, hasta que algo logra llamar mi atención y es el arte de la zapatería, un mundo al que entraría a tientas y sin herramientas. Estoy a punto de irme a mi celda, pero antes de despedirme de mis nuevos amigos, averiguo si alguno de ellos sabe algo de ese hombre misterioso; que aparece a hurtadillas en casi todos los sitios donde me encuentro y que seguramente deja los mensajes en mi celda. Se quedan en silencio un buen rato, noto que se miran entre sí con algo de recelo y no me responden nada; es como si hubiese tocado un tema tabú del que no pueden hablar o del que quizás no tienen la más remota idea. No insisto y me alejo, me queda claro que de ahora en adelante tendré que averiguar quién es ese hombre por mi propia cuenta.

VIII

Taller de Sueños

Me inscribo con premura en el curso de zapatería sin imaginar que pasaría muchos años inmerso en ese universo de pegante, suelas, cortadores, patrones, martillos; atrapado en un nuevo espacio, una especie de taller rustico al que le dedico la mayor parte de mi tiempo y donde empiezo a soñar con la idea de sentirme útil al lado de mis compañeros y tutores que no son tan ogros como creía. Sin duda estoy empezando una nueva etapa que roba por completo mi atención y hace más amable mi supervivencia en este lugar; sigo apoyándome en Gonzalo con quien encuentro especial afinidad, hablamos cada vez que tenemos oportunidad y ahora nuestras conversaciones giran en torno a nuestros sueños y respectivos trabajos; Tenemos claro que si nos esforzamos en ese campo, podremos lograr una reducción de penas y esa se convierte en la mayor motivación. Se nos vuelve costumbre encontrarnos a diario en la cafetería, para contarnos todo lo que hemos aprendido en los respectivos talleres; empiezo a sonreír en medio del infortunio, a dejar de percibir el tiempo como un enemigo y lo convierto en mi aliado, aprovechando cada segundo que estoy encerrado para continuar con mi vida , para aprender, para capacitarme, para compartir, para agradecer por cada soplo de aire que pasa por mi nariz y me recuerda con su ritmo incesante que no he muerto todavía. Las primeras semanas son muy complicadas, no sé por dónde empezar; las indicaciones de los tutores son tan difusas y ambiguas, que enredan aún más las pocas neuronas que se mantienen atentas al aprendizaje; lo primero que hago es familiarizarme con los materiales y herramientas que usaré para la ejecución de actividades básicas de zapatería; estoy decidido a ser el mejor alumno y en mi empeño por lograrlo, me corto muchas veces los dedos manipulando el clicker, hasta terminar con las manos llenas de vendas. Nos imparten conocimientos teóricos en prácticos cuadernillos individuales que podemos repasar en la celda las veces que consideremos necesario; la practica la realizamos en el taller que está dotado de maquina desbastadora, dobladora de cuero, selladora, pegadora de suela, troqueladora y una lijadora de cuero. Allí nos proveen los materiales necesarios para realizar nuestros proyectos; hay cuero suficiente, material sintético, esponjas, ojetes, remaches, pega de neopreno, pega de PVC, tacones de caucho, suelas de hule, forros de calzado, cambrillón y yute. Después de muchos meses de asistir a las clases me siento más confiado de mis capacidades, los tutores también están animados con el resultado de su esfuerzo y para evaluar nuestro progreso y compromiso nos asignan como reto, realizar un par de zapatos creado y diseñado por cada alumno; me esmero mucho por ser el mejor de mi grupo y para sorprender a mis maestros decido crear unas zapatillas para mujer que le regalaré a mi mama en una de sus visitas. Dibujo mi patrón a la medida del pie de mi madre en cartulina, realizo el encintado de la horma, diseño sobre la horma, pongo los patrones de corte sobre el cuero, corto algunas tiras de diferentes colores que pondré en la parte superior de las zapatillas y dos más que pegaré sutilmente en el talón y que dejaré sueltas para anudarlas libremente sobre la pierna; marco las puntadas, paso costura, pego la suela y la recorto al final para darle un mejor acabado. En la plantilla pongo una marquilla dorada con la palabra *"Mirca"* en letras negras, que no es otra cosa que las primeras letras de los nombres de esas mujeres que amo tanto (<u>Mir</u>- Mirtha, <u>Ca</u>- Carmenza) Tengo la certeza que algún día seré un zapatero muy reconocido y mi fabrica se llamará *"Calzado Mirca"* eso no tiene discusión. Termino las zapatillas y lucen hermosas, las empaco con cuidado en una cajita de cartón que hago con mis propias manos, siguiendo un patrón que viene impreso en mi cartilla; cuando llega el día de la entrega de los trabajos, yo estoy listo y soy el primero en poner mi cajita con las zapatillas encima de una mesa de madera que usamos para cortar el cuero. Noto con rapidez que todos mis compañeros han elaborado zapatos cerrados de tacón alto y yo soy el único que me atrevo a crear zapatillas de tacón plano; los nervios me acosan pensando en la reacción de los tutores quienes empiezan a evaluar los trabajos uno por uno.

Llega mi turno y cuando observan mi producto final están tan serios que asumo que se trata de uno más de mis fracasos; Hablan a baja voz entre ellos, miran una y otra vez las zapatillas con sumo detalle y eso acelera mis zozobra a máximo nivel; de repente uno de ellos toma la palabra y dice "Felicitaciones Aníbal, superaste nuestras expectativas y te atreviste a fabricar algo que no sugerimos, demostrando que tienes un talento innato para innovar en el campo de la zapatería. Creo que usaremos estas zapatillas como modelo para fabricarlas en serie y distribuirlas en todos los almacenes que venden nuestros productos, si tú lo autorizas obviamente; ten en cuenta que las ganancias de dicho negocio, como siempre se usarán para el sostenimiento de este taller". Un ruidoso aplauso por parte de mis compañeros acompaña esas palabras y por primera vez en mi vida me siento importante, es una sensación a la que no estoy acostumbrado pero empieza a gustarme y acepto sin dudar la propuesta de vender mis zapatillas; llevo muchos años en la cárcel y necesito emprender mi futuro; así que me involucro en todo el proceso, me preocupo por revisar una y otra vez los moldes para que no exista el más mínimo error, dirijo a mis compañeros que cortan las piezas y vigilo meticulosamente el proceso de pegado. He decidido que los acabados identificarán mi trabajo como zapatero, nunca me gustaron las medias tintas, siempre fui radical y deseo ser el mejor, simplemente el mejor...! Las ventas de mi modelo en serie son un verdadero éxito, en pocos días tenemos que fabricar más para cumplir con la demanda y yo estoy tan emocionado que asisto al taller con más interés que nunca para mejorar mi técnica; paso las noches repasando las cartillas en mi celda y todo el tiempo estoy ideando nuevos patrones para fabricar zapatos con mi sello personal. Llegan mejores épocas en medio de mi cautiverio y me emociona mucho entregarle las zapatillas a mi mama como regalo de día de madres, en una celebración que realizan aquí todos los años; mi amada Carmenza está tan feliz que las lágrimas se mezclan confusas entre sus sonrisas, se ve preciosa y para mí es un momento especialmente mágico, pues es el primer regalo que elaboro con mis propias manos.

Mi hermano también vino a verme en esta ocasión, está extremadamente flaco, más flaco que la última vez que lo vi y tiene que apoyarse en mi mamá para poder caminar; está empeorando y es triste escuchar de su propia voz que el tratamiento para el cáncer no estaba funcionando, que ha perdido todas las esperanzas de recuperación después de luchar a diario con un proceso doloroso de quimioterapia y de consumir medicamentos tan fuertes que le impiden mantenerse lucido. Yo he sido testigo de ese proceso y a pesar de verlo tan mal, lo animo como siempre a seguir luchando sin desfallecer, porque me aterra la idea de perder a Carlos Julio mi único hermano; finalmente, he aprendido a amarlo después de conocer ese ser humano maravilloso que guarda en su interior y que jamás se ocupó de presentarme. Necesito seguir disfrutando de sus visitas y no dudo en apoyarlo en su enfermedad; le cuento de mis logros y lo incluyo en mis sueños; no quiero perderlo como perdí a Leonel, de quien no volví a recibir noticias luego de la carta que le envié con mi mama hace tanto tiempo, perdí su rastro y no deseo vivir la misma situación con mi hermano. Le he pedido a Dios muchas veces que lo sane, pero creo que no me escucha por vivir tan alejado de él toda mi vida y no saber ni siquiera como hacer una oración o una plegaria de manera correcta; sé que no tengo derecho a pedirle nada porque no soy otra cosa que un manojo de equivocaciones sin límites; nunca le he pedido perdón por todo lo que he hecho, yo prefiero abogar por una oportunidad para cambiar mi rumbo y demostrarle que puedo hacer mejores cosas. Sigo hablando con mi hermano mientras nos tomamos de las manos; luce más frágil que nunca y su temor de dejar desamparada a mi madre alimenta aún más su angustia; entonces me dice con desesperación:

Hermano, el día de mi partida se acerca, sé que la muerte está tocando a mi puerta y ha empezado a recoger mi equipaje; gracias por ayudarme a recuperar ese tiempo que no aprovechamos juntos en el pasado, por escucharme, por apoyarme incondicionalmente sin dejar de soportar el peso de tus propias cargas que con seguridad son más pesadas que las mías. Qué tarde me di cuenta que fui premiado con un hermano estupendo al que solo le vi defectos en mi afán de creerme perfecto; me lamento por todos esos días que te excluí de mi vida, que me perdí la oportunidad de sentirme realmente completo y feliz con tu compañía; ojalá hubiese sido menos egoísta para hallar en ti lo que realmente eras y no lo que yo me empeñaba en atacar con mis argumentos de gran juez. Eras un hombre tan solitario como yo, que necesitaba una mano amiga para sentirse menos desdichado en medio de tanta indiferencia y esta enfermedad ha venido a cobrarme con creces cada uno de mis desaciertos, pisoteando mi soberbia, quemándole las alas a mi prepotencia que volaba sin control, desarmando mi universo construido a base de frivolidades. Sé que pronto saldrás de aquí; me enteré que ya pasaste una carta a la dirección de la cárcel solicitando una reducción de penas por tu destacada participación en los talleres de zapatería; rezo para que pronto recibas una respuesta positiva. Debes encargarte de mi mamá, su malestar en las piernas se ha incrementado con los años y los medicamentos no le funcionan como antes; tu sabes que es muy terca y se niega a abandonar la máquina de coser, sigue recibiendo costuras aunque el médico se lo prohibió hace meses y me preocupa que se quede sola cuando yo muera. No debería heredarte esa responsabilidad sin tener la certeza de tu salida, pero confío que esta vez como otras tantas que no reconocimos, Dios va a estar de nuestro lado y pondrá las cosas en su lugar.

Sus palabras como siempre me empapan el alma de emoción y no puedo responderle nada, porque mis lágrimas le quitan protagonismo a las palabras y mis brazos se apresuran a encontrar los suyos; presiento que no volveré a verlo, algo dentro de mí me dice que me estoy despidiendo para siempre de Carlos Julio y en silencio agradezco esa oportunidad que me brinda la vida, aunque el dolor de perderlo me corte las venas en pedacitos. Le prometo que cuidaré de mi madre para que se sienta más tranquilo y hago hasta lo imposible para ocultarle que estoy temblando de miedo por no tener idea de cómo y cuándo cumpliré esa promesa. Nos despedimos y me hubiera gustado alargar hasta el infinito ese momento, en un último intento por sentirlo entre mis brazos, luego de padecer la derrota y la impotencia por no poder cambiar el destino. Me prometo a mí mismo que no lloraré el día que mi hermano muera; no estoy dispuesto a regalarle lagrimas a alguien que va a dejarme como legado tantas sonrisas; a cambio de tristeza lo honraré con mi esfuerzo por salir de esta cárcel lo más pronto posible a cumplir sus deseos.

140

IX

Horas de duelo

Mi hermano murió al poco tiempo rodeado de flores que trajeron sus antiguos vecinos de barrio para decorar su féretro; mi madre me contó que mucha gente asistió al sepelio y las lágrimas no recibieron tarjeta de invitación, pues la serenidad y las oraciones acompañaron todo el tiempo su recorrido hasta el cementerio. Yo presentí su muerte mucho antes que sucediera y me despedí de él cuando todavía su cuerpo estaba cálido y su alma brillaba como un sol en miniatura , descansó en mis brazos la última vez que vino a verme y hablamos como dos hermanos que se aman profundamente; ahora Carlos julio se ha liberado de su sufrimiento, ha vaciado su dolor, su angustia y desde el lugar donde se encuentre estará mirándome , esperando a que cumpla mi promesa y ese miedo de defraudarlo no desaparece ni un solo instante.

Todavía no recibo respuesta a mi petición de reducción de penas y como siempre mi pesimismo me gana con norma de ventaja empujándome hacia las esquinas de la desesperanza. Mi madre ya no viene a visitarme con la frecuencia de antes porque el dolor en sus piernas se ha incrementado impidiéndole salir de la casa; Sigue recibiendo costuras para sobrevivir y ahora se apoya en su amiga Concepción (Concha) quien continua atendiendo aquella tienda de barrio a la que yo iba con frecuencia; todavía la conserva prospera a pesar de su edad y su clientela ha crecido conforme pasa el tiempo. Me tranquiliza saber que mi mama cuenta con ella y con seguridad la auxiliaría en caso de emergencia médica mientras yo salgo de la cárcel; me urge solucionar mi situación jurídica para hacerme cargo de ella, resarcir de alguna forma todo lo que no hice en mi juventud y permitirle a mi hermano Carlos Julio que descanse en paz cumpliéndole lo que le prometí. Estoy envejeciendo, no siento la misma energía de antes y los excesos de mi juventud han afectado mi organismo, asisto con frecuencia a la enfermería y mis problemas para conciliar el sueño no desaparecen; pero a pesar de todo eso, tengo más ganas que nunca de salir adelante y cumplir mis metas, tal cual como lo hará Griselda. Esa mujer me eleva el ánimo cada vez que la escucho y su fuerza interior me ayuda a inyectarle gasolina al motor de mi confianza que enciende a empujones; sigo motivado con mi taller de zapatería y absorbo como una esponja todas las indicaciones de mis tutores en mi lucha por superarlos en algún momento y convertirme en el mejor zapatero. Una noche después de salir del taller y dirigirme hacia mi celda escucho un alboroto inusual en el edificio donde descansan las reclusas ; los guardias corren de un lado a otro y veo algunas enfermeras entrar a toda prisa con un equipo de reanimación; en pocos minutos el caos se apodera de la calma y justo cuando estoy inmerso en esa angustia aparece Gonzalo quien con el rostro desencajado me dice "Ha sucedido una tragedia" y sin imaginar a qué se refiere le pregunto mil veces que ha pasado, pero él no me responde, está muy raro, tiene la mirada perdida y después de unos segundos eternos agrega: "Indira, Indira". Intento cuestionarlo de nuevo, cuando observo que se llevan a Indira en una camilla con el cuerpo tieso y con espuma saliendo de su boca; la desesperación se apodera de mí en ese instante y casi gritando le pregunto a uno de los guardias qué ocurre ; entonces me entero de una espantosa realidad; Indira se quitó la vida ingiriendo un veneno para ratas que quizás mezclo con la bebida gaseosa del almuerzo. No puede ser! exclamo a baja voz; habíamos hablado hace poco y aunque la noté bastante deprimida jamás creí que llegaría a ese límite; la muerte es algo natural pero cuando alguien se atreve a llamarla antes de tiempo cambiando el ritmo de su destino, mi tristeza se triplica por la impotencia de no haber hecho lo suficiente para evitar que ese evento se presentara. Ella se había sentido agobiada por el tema de sus hijos y quizás perdió por completo el tren de la sensatez cuando la esperanza de encontrarlos termino evaporándose frente a sus ojos; nunca pudo lidiar con su suerte y con esta afirmación no estoy tratando de justificarla, sólo intento analizar qué la motivó a tomar una decisión tan drástica. Nos dijeron que murió muy rápido pues la dosis de veneno que encontraron en su cuerpo era letal y los intentos por revivirla resultaron infructuosos; no pudimos asistir a las exequias y los guardianes pegaron en una pared del patio una cartulina en la que pudimos escribir en su nombre múltiples mensajes a manera de despedida; más tarde nos enteraríamos que nuestra compañera dejo una nota en una servilleta cerca de su cama en la que se leía:

"Esta tristeza pesa más que mi propio cuerpo y he decidido que mi cuerpo se vuelva aire para sentirlo más liviano, para desterrar el dolor de mi alma y escapar al fin de este infierno".

Esas palabras hablaban a gritos de su frustración, de su angustia, de su soledad; podía oler la fatiga de sus días y el calvario que padecía segundo a segundo; había sido injusta la vida con su historia y ahora su historia había retado a la vida entregándose a la muerte por elección propia; entendí que muchas veces las penas del alma aniquilan más rápido que la enfermedad física, pues en el caso de Carlos Julio el cáncer no logró aniquilar su alma y luchó hasta el final por sobrevivir; en cambio Indira había muerto desde que dejó de ver a sus hijos y su alma vagaba moribunda presa de un cuerpo sin vida. La había matado la tristeza, la falta de amor y pude comprobar esa teoría el día que el director de la cárcel le entrega sus pertenencias a Griselda en una bolsa plástica herméticamente sellada y ella en un gesto de solidaridad con el dolor de Gonzalo y con el mío propio, nos invita a escudriñar lo que se encuentra en su interior a la hora del almuerzo.

Hallamos su documento de identidad, un escapulario viejo color café que siempre llevaba atado a la muñeca como accesorio, una biblia que tenía señalado el pasaje I carta de San Pablo a los Corintios capítulo 13, que habla del amor total, de la entrega sin límites, de la espera sin tregua y que quizás había leído muchas veces pues esa página está tan desgastada que parece deshacerse entre los dedos y en la primera hoja yacen escritos tres nombres "Lucía, Joaquín y Marcos" entonces intuimos que así se llamaban sus hijos , pues después de revisar todas las paginas encontramos esas anotaciones muchas veces. Luego vemos un álbum de fotografías con muchas fotos de su familia de la que nunca habló mucho, por fin tenemos el honor de conocer a sus hijos aunque sea a través de imágenes ; así puedo sentir en carne propia su amargura, su desolación, esa angustia atosigante que terminó sepultando su esperanza y acribillando su sueño de tener una vida mejor; entonces me quiebro y lloro en presencia de Griselda y Gonzalo como un niño recién nacido que ha perdido el rastro de su madre para siempre; me siento culpable por haber abandonado a Indira, por no conocerla antes, por haber pasado muchas veces frente a ella sin mirarla, sin regalarle una sonrisa; por hacerla sentir más desdichada de lo que ya era con mi indiferencia, por juzgarla sin haber escuchado su historia, por criticar en silencio su apariencia sin imaginar la tragedia que escondían esas cicatrices.

Me aferro a su álbum de fotografías y le suplico a Griselda que me permita conservarlo como recuerdo, a lo que ella accede sin refutar para consolarme un poco; Gonzalo está en silencio, no dice una sola palabra pero sus ojos hablan de su pena y su congoja; Griselda no para de llorar y al final de nuestro encuentro acordamos leer juntos todos los días el pasaje de Corintios en su memoria; así la mantendremos cerca y su recuerdo se quedará latente.

150

X

Develando el misterio

Han pasado meses desde la partida de mi hermano y de Indira que se fueron en fechas muy cercanas; mi insomnio se ha vuelto más crónico, obligándome a pasar noches enteras sin conciliar el sueño ni un solo instante; me cuesta trabajo concentrarme en el taller de zapatería pero siempre encuentro fuerzas para sobreponerme y hacer que mi día sea productivo en honor a esas personas que ya no tendrán oportunidad de hacerlo. Estoy progresando más rápido de lo que creí y ya hasta me permiten dirigir algunas clases a las que asisten reclusos principiantes para motivarlos en su aprendizaje; me han dicho que tengo alma de líder y aunque al principio sonó bastante descabellado estoy empezando a creer que tienen razón, pues disfruto mucho hablando de mi experiencia personal, de la forma como he logrado superar mis miedos y transmitir esa energía positiva logra alimentarme el alma hasta saciarme. Hoy almorcé con Griselda y Gonzalo y después del postre leemos juntos el pasaje de la biblia en honor a Indira como lo hemos hecho sin descanso desde que la perdimos; es una conversación muy animada y nos reímos como nunca con los chistes que Griselda cuenta con una gracia inigualable; después de todo la risa es una medicina gratis que nos sana sin esfuerzo, abre las puertas del optimismo y me inyecta energía extra que sin duda necesito en exceso. Esa noche cuando llego a descansar a mi celda, recojo como todos los días la hoja de papel de cuaderno donde se lee "Te vigilo" pero esta vez no siento miedo, es extraño, quizás encontré en esas hojas un poco de compañía y hasta me acostumbré a recibirlas sin conocer el remitente; tengo cientos y cientos de ellas desde que empezaron a aparecer y las guardo todas debajo del colchón para amortiguar un poco la dureza de las tablas presionándome el esqueleto. Presiento que esta noche será larga y la pasaré en vela como tantas veces leyendo mis cartillas o recorriendo en cámara lenta mis recuerdos; sin embargo sonidos extraños rompen la monotonía y

escucho pasos en el pasillo que hacen añicos mi
tranquilidad, pues anuncian un desenlace que no
esperaba. La sombra de un hombre se detiene
frente a mi celda y no se trata de un guardia de
seguridad ni de un recluso; este sujeto usa un
abrigo muy largo y en su cabeza lleva un sombrero
alado que le cubre gran parte de su cara; de nuevo
el pánico le roba su lugar a la calma y la hipótesis
del asesino en serie que quiere agregarme a su lista
toma más fuerza que nunca; el miedo me cierra la
garganta me quedo impávido frente a aquella
inesperada aparición y mi cuerpo tiembla como si
estuviera desnudo en medio de un aguacero. No
logro controlar mi desasosiego y caigo sentado al
borde mi cama vencido por tantas emociones que
revolotean en mi interior bloqueando mi sentido
común; el hombre está frente a mí, agarrándose
con sus manos de las rejas que nos separan por
pocos metros, sigue agachado escondiendo su cara
con el amplio sombrero y no me dice nada. Se
queda ahí en silencio por un largo rato y esa actitud
tranquila enciende las luces de mi serenidad
aquietando mi desesperación; entonces una
corriente de valor sopla en mi dirección y me

animo a hablarle, le pregunto si él es el mismo hombre que ha estado vigilándome desde hace años en la cárcel y si es el dueño de las notas que aparecen tiradas en mi celda; el hombre no responde y suspira tan fuerte que puedo presentir su nerviosismo. Me acerco a la reja y le transmito nuevamente mis inquietudes con más calma; él sigue aferrado a la reja con fuerza como si necesitara apoyarse en algo para no perder el equilibrio y de repente escucho su respuesta, una sola palabra que me paraliza el cuerpo "SI"; su voz es bastante gruesa y por su tono intuyo que se trata de un hombre mayor. Había encontrado por fin la solución al acertijo y esa certeza muy lejos de tranquilizarme me genera más interrogantes; por eso empiezo a preguntarle qué motivos ha tenido para perseguirme y no me deja terminar, sin mediar palabra se aleja sin despedirse perdiéndose entre la oscuridad de los pasillos y dejándome confuso en medio de un enjambre de dudas. La incertidumbre me enreda en su telaraña pegajosa y amanezco mirando fijamente la reja con la esperanza de verlo aparecer otra vez, pero como todas las veces se esfuma sin dejar rastro, como si estuviera burlándose de mi miedo o de mi estupidez.

Esa mañana me dirijo al patio para ver si lo encuentro husmeando en las esquinas como acostumbraba y en la hora del almuerzo no puedo comer en paz, revisando todos los rincones de la cafetería con miradas tan insistentes que incomodo a los demás reclusos; pero no logro avistarlo y pasan semanas sin tener la más mínima señal de su presencia; entonces comienzo a extrañar su compañía entre sombras y no entiendo por qué me está pasando esto; es muy raro el giro que toma la historia y el pánico que me paralizaba cuando pensaba en aquel hombre está convirtiéndose en simple curiosidad. Necesito saber la verdad; me urge escuchar de sus labios esos argumentos que me saquen de una vez por todas de este desasosiego que está enredándome la vida e impidiéndome avanzar en mis objetivos; me dedico por completo a los talleres de zapatería como siempre y los tutores me asignan la tarea de dictar una asignatura completa en el curso de principiantes y de avanzados; se trata de una nueva materia que ellos consideran importante agregar al contenido del curso y le asignan el nombre de *superación personal.* Por supuesto la noticia me emociona muchísimo, pero también me asusta pues jamás he sido profesor y las clases que le había dictado de manera esporádica a mis compañeros del taller eran espontaneas y no tenía la responsabilidad de prepararlas y responder por resultados. Pero una fuerza interna me empuja a lanzarme a lo inesperado, a descubrirme talentos que quizás estaban luchando por salir a flote desde hace mucho y solo necesitaban una oportunidad para sorprenderme. Acepto sin vacilar el reto y así inicio una nueva aventura que me traería muchos dolores de cabeza, pero también muchas satisfacciones; me apoyo en mis propias experiencias de vida para motivar a mis alumnos y hablarles con sinceridad sin ocultarles detalles sobre mis errores del pasado me ayuda a ganar credibilidad en poco tiempo. Hace años que dejé de drogarme, que no me tomo una sola copa de licor y esa lucidez me da control total sobre mis pensamientos y mis actos , permitiéndome orientarlos con testimonios reales y barnizados con mi sangre y mi dolor propio. Ahora complemento mi asistencia al taller de zapatería que me apasionaba por completo, con mi nueva faceta como tutor dejando atrás la época de ocio y de pensamientos negativos; sigo reuniéndome con Gonzalo y Griselda a leer la biblia y lo que empezó como un acto de amor hacia Indira se vuelve compromiso, pero no un compromiso obligatorio sino algo más espiritual; procuramos leer más pasajes por cuenta propia y entre más leemos más nos entusiasmamos con la palabra; analizamos, discutimos, sacamos conclusiones y esas tertulias a la hora del almuerzo se hacen constantes fortaleciéndonos como seres humanos y alejándonos de nuestra condición de simples trozos de carne que se comen a diario la desidia y el olvido en medio de estas paredes que limitan nuestra libertad. Vuelvo a sentirme vivo, a sentirme importante, a descubrir en mí una persona distinta que encuentra un placer indescriptible en el hecho de compartir y ayudarle a las personas que me rodean; creo que después de todo tenían razón los que decían "Todos tenemos derecho a una segunda oportunidad" y yo estoy feliz por comprobarlo en carne propia; ya quiero salir a enfrentar la vida con una actitud diferente, a ver el sol de frente sin esconderme, a ser Aníbal Contreras con un alma renovada y tengo fe que lo lograré, porque trabajo a diario por conseguir esa meta y he dejado de lamentarme por mi suerte. Mis noches de insomnio se han tornado más llevaderas y en medio de libretas de apuntes, cartillas y escritos el tiempo se esfuma con rapidez; después de las 2 de la madrugada siempre caigo rendido en la cama consiguiendo dormir como no sucedía antes.

Una noche mientras estoy inmerso entre mis apuntes para la clase del día siguiente, escucho nuevamente los pasos cerca de mi celda; mi corazón late con fuerza y antes de ver aparecer aquel hombre me acerco a la reja anhelando con todas mis fuerzas que sea él. Y ahí está, se detiene frente a mí, usando el mismo atuendo de la última vez, solo que en esta oportunidad los dos parecíamos estar más tranquilos y eso le quitó tensión al ambiente, ubicándonos en una situación mucho más liviana. Noto que se agarra con fuerza de las rejas y sus manos lucen tan resecas y maltratadas que no puedo evitar sentir algo de compasión, aunque esa sensación tal cual como se presenta es nueva para mí y se suma a la larga lista de mis descubrimientos. Se mantiene con la cabeza agachada y me dice tímidamente "Buenas Noches" yo le respondo con las mismas palabras y agregándole una pregunta ¿Esta vez si vas a explicarme el porqué de tu comportamiento? él se queda en silencio y en contestación levanta su cara, me mira directo a los ojos y un espasmo entumece mi esqueleto , cuando descubro en esa cara rasgos que mi cerebro parece reconocer; entonces me doy cuenta que sus ojos son igualitos a los de Carlos Julio, el mismo color negro profundo, la misma mirada, las cejas pobladas y siento que el universo cambia de posición, que mi cuerpo giro 360 grados y el suelo toma el lugar del techo; un mareo insólito me roba mi balance y caigo al suelo sobre mis rodillas. ¡No puede ser! digo en silencio, esto tiene que ser una broma del destino , que busca arrebatarme una vez más la paz que he alcanzado poco a poco en este mundo de tinieblas; es inconcebible que a estas alturas de la vida me encuentre frente a frente con el hombre que he odiado en silencio desde que era un niño , al que he culpado de las circunstancias tan adversas que tuvimos que enfrentar por su ausencia , de las burlas de mis compañeros en el colegio, de la impotencia que me carcomía por haber desaparecido de nuestras vidas sin dar explicaciones, del dolor que le causó a mi madre al dejarla con toda la responsabilidad de un hogar. ¿Por qué aparecía ahora? ¿Qué clase de cinismo revestía al hombre que me había dado la vida para atreverse a buscarme? ¿Acaso piensa resarcir todo el desconsuelo que nos causó con un repentino ataque de arrepentimiento?   El hombre sigue en silencio aferrado a la reja, siento sus ojos fijos sobre mí y aún no lo logro levantarme del suelo; transcurren varios minutos antes de ponerme de pie otra vez y le pregunto con dificultad ¿Qué haces aquí Eugenio Contreras? Mis palabras salen forzadas con una mezcla dramática de decepción y rabia, no me atrevo a mirarlo y elijo sentarme en el borde de mi cama para no enfrentarlo tan de cerca; él titubeando empieza a hablarme y yo decido escucharlo para poder cuestionarlo después.

"Hijo, imagino que me odias y si me odias estás en todo tu derecho; no fui el mejor de los padres y los abandoné a ti y a tu hermano cuando eran aún niños indefensos, maltraté física y emocionalmente a tu madre a quién le juré en un altar amarla hasta la muerte y no tuve la fortaleza para llevar las riendas de un hogar. Por eso y por muchas otras razones que me condenan no voy a pedirte que me perdones cuando yo mismo no he podido perdonarme mis acciones equivocadas; cada segundo que he vivido lejos de mi familia se ha convertido en una estaca afilada que se clava dentro de mí haciéndome sangrar como un herido perenne, como un abandonado de la alegría que perdió la posibilidad de sonreír sin los seres que ama. La tristeza me cazó y me hizo su prisionero desde entonces, cobrándome mis faltas hora tras hora con la contundencia de un juez que no regala indulgencias y luego cuando retornó mi clarividencia y quise regresar a buscarlos ,pensé que era demasiado tarde para empezar de nuevo una historia que ya no me aceptaba como protagonista, luego de esfumarme como un cobarde de entre sus líneas.

Me casé con Carmenza porque estábamos muy enamorados, queríamos estar juntos la mayor parte del tiempo y éramos compatibles en muchas cosas; también éramos muy jóvenes y mis ansias de seguir explorando el universo se tornaron más intensas cuando asumí de cerca el compromiso de sacar mi hogar adelante; no sé si fue la falta de experiencia u otra de esas incomprensibles actitudes que tomamos los seres humanos cuando los deseos ocultos salen a flote sorprendiéndonos. El caso es que era feliz rodeado de mi mujer y mis hijos, pero también me sentía atrapado en un mundo que ya no me permitía hacer todo lo que anhelaba; a tu mamá le molestaba que llegara tarde a casa, que me tomara unos tragos con mis amigos, que no encontrara un mejor empleo; pero por favor no pienses que estoy culpándola o que estoy intentando buscar excusas, solo quiero contarte la verdad de los hechos, compartir contigo todo lo que pasó para que al final tú decidas si vamos a tener más oportunidades de curar las heridas de nuestra relación o si por el contrario ya no quieres volver a saber nada más de mí...

(Yo continuo sentado en la cama con la cabeza agachada para que no note mi furia y en absoluto silencio sigo con mis oídos alerta)

Yo trabajaba como mensajero en la única droguería que funcionaba en el pueblo y mi salario era tan irrisorio que tu mamá decidió hacer un curso de corte y confección para ayudarme con los gastos; hicimos un pequeño préstamo para pagar las clases y en poco tiempo adquirimos una máquina de coser y todos los elementos necesarios para montar un taller de costura. La situación económica mejoró un poco, pero nuestros problemas personales que en un principio eran simples se intensificaron hasta llegar al punto de faltarnos al respeto; dejamos de comunicarnos como antes y en lugar de dialogar nos dedicamos a gritar por todo y por nada, como dos enemigos que cavaban día a día un hoyo sin cimientos en el que terminamos atollados y perdidos. Todo se tornó más insostenible cuando conocí a una muchacha de 18 años con quien inicié sin dudar una relación sentimental clandestina que se convertiría en mi perdición; tu madre se enteró al poco tiempo y el infierno soltó todos los demonios en nuestra humilde casa, no parábamos de discutir y un día decidí irme para siempre con mi novia para quitarme ese suplicio en el que se había convertido mi hogar por culpa mía; no tuve los pantalones para luchar y remendar lo que había roto , preferí tomar la vía más sencilla dejando atrás lo más importante de mi existencia. Renuncié a mi trabajo y me fui a vivir a una vereda cercana donde residían los padres de mi nueva conquista; en un comienzo creí que había llegado en carne y hueso al paraíso, me sentía libre, liviano y las atenciones de mi novia me ratificaban que había tomado la decisión correcta, alejándome de los disgustos y los reclamos constantes de tu madre; pero me equivoque, al poco tiempo el edén se cubrió de tenebrosidad y los celos enfermizos de mi nueva mujer , que me impedía conseguir trabajo por temor a perderme empezaron a fastidiarme; de nuevo estaba atrapado en un túnel sin salida del que salí despavorido abandonando para siempre aquel lugar y esa relación antes que se convirtiera en otro más de mis tormentos. Llegué a una ciudad cercana sin un peso en el bolsillo y allí me dediqué a lavar platos en los restaurantes para pagar un cuarto de mala muerte y cubrir mis gastos; fueron épocas de sufrimiento, de pasar hambre, de no dormir y de sentirme solo como un cactus en medio de la nada; pero no podía regresar, el remordimiento me atacaba noche a noche dándole bofetadas a mi insipiente tranquilidad y la culpa empezó a matarme lentamente como una piraña con dientes afilados que se come su presa de a poquitos y torturándola. No sabía nada de ustedes y esa incertidumbre le agregaba tierra a la tumba abierta en la que se había convertido mi alma. Una madrugada, luego de lavar montones y montones de platos sucios salí a la calle para despejarme un poco y justo cuando me disponía a regresar a mi cuarto, encontré un periódico tirado en el piso que recogí por inercia; al día siguiente con más calma ,cuando estaba sentado en mi habitación tirado en un sofá roto que había encontrado días atrás en un basurero, revisé el diario y encontré en la página de clasificados un anuncio de trabajo que llamó mi atención de forma inmediata; estaban necesitando ayudantes de cocina en la cárcel ubicada a las afueras de aquel pueblo en el que había dejado abandonada a mi familia hace tanto tiempo, supuse entonces que tal vez el destino me estaba brindando la oportunidad de reconciliarme con el pasado y vi en ese empleo la oportunidad perfecta para enterarme de sus vidas sin que ustedes lo supieran; tendría la tranquilidad de llegar a trabajar a un lugar donde jamás me encontrarían , pues en el anuncio ponían como requisito no involucrarse ni con los reclusos ni con las personas de los alrededores como medida de seguridad ,trabajaría como interno, solo me darían 5 días libres al mes y esas cláusulas rimaban con mi intención de pasar como incognito; como pude envié por correo mi hoja de vida con la fe absoluta que tendría una respuesta positiva dadas mis condiciones de hombre viviendo solo y sin responsabilidades. En pocos días recibí la noticia de mi inminente contratación y estoy laborando aquí desde aquel momento ; yo te reconocí con lágrimas en los ojos cuando entraste aquel día esposado y con la cara desfigurada por la angustia, sabía que eras tú porque algo dentro de mí se desgarró al ser testigo de tu desesperanza, quise acercarme y consolarte, preguntarte por qué estabas aquí, confesarte quién era yo, pero no podía hacerlo en ese instante porque eso significaría perder mi trabajo y de paso sepultar la posibilidad de verte. Me dediqué a trabajar con más ahínco que antes y te miraba por las hendijas a la hora del almuerzo o de la comida para acompañarte en medio de tu soledad y tu tragedia; luego empecé a escribirte las notas que encontrabas en tu celda con la frase "Te vigilo" en un arranque exasperado por llamar tu atención todos estos años antes de tomar la decisión de acercarme. Posteriormente noté que hiciste nuevos amigos y con mucho disimulo les conté mi historia cuando los guardias de seguridad no podían verme; tuve mucha suerte porque tanto Griselda como Gonzalo se solidarizaron con mi causa y prometieron guardar mi secreto por el bien de todos; les pedí que te apoyaran, que te protegieran de los ataques de otros reclusos que te veían como un ser ermitaño y solitario en extremo al que debían presionar a toda costa para sacarle información ; ellos siempre estuvieron cerca para poner un escudo entre tú y esa maraña de desadaptados sin que te enteraras. Sufrí mucho cuando murió Indira, conocí de cerca su historia y aunque hablamos pocas veces, su desenlace fatal me dio las fuerzas que necesitaba para buscar por meses la forma de hablarte. Por eso he venido a esta hora porque no hay mucha vigilancia y no corro peligro que me descubran dialogando contigo; no sabes cuánto tiempo estuve deseando que llegara este momento, moviendo fichas, planeando mil veces dónde pondría cada carta para no despertar la más mínima sospecha. Dios me ha acompañado en esta lucha , pues gracias a él tuve la dicha de ver a tu hermano Carlos Julio cuando venía a visitarte con Carmenza y fui testigo de sus últimos días de vida , tuve la oportunidad de orar por su salud y de acompañarlo desde la distancia, cuando me apostaba en algún rincón o en cualquier esquina para observar sin parpadear cada uno de sus movimientos que se tornaban pesados y torpes; tú no sabes cuantas veces lloré en la cocina de este lugar lamentando su muerte sin recibir el consuelo de nadie, ni cuantos días pase sin dormir atormentado por el hecho de no haberle pedido perdón antes de su deceso, por no abrazarlo lo suficiente, por no estar ahí sentado en aquella mesita donde siempre lo recibías para dialogar como familia y apoyarlo en su enfermedad. Tú tuviste la oportunidad de reconciliarte con él, en cambio a mí se me agotaron las posibilidades, no volveré a ver su cara que era una fotocopia de la mía, una remembranza de mi época de juventud, no podré reencontrar mis ojos en sus ojos como lo hacía cuando era un bebe y lo cargaba en mis brazos; ya no tendré tiempo para decirle que lo amo, que nunca dejé de hacerlo y vine a reconocerlo muy tarde cuando mis palabras no llegarán jamás a sus oídos.

(No puedo negar que su relato es sincero y hasta logra conmoverme por instantes, pero mi dolor está intacto y el rencor se niega a irse; sin embargo levanto mi cara para observarlo con detenimiento y sigo escuchándolo sin interrumpir, aprovechando que esta madrugada llueve con fuerza y nadie advierte la voz de mi padre)

Perdí a Carlos Julio y cuando empecé a ganarle la batalla a la tristeza, pensé que la mejor manera de honrar su memoria era haciendo algo positivo que le permitiera descansar en paz. Escuché con atención todas las conversaciones que tuviste con él y no lo hice con el ánimo de espiarlos; en realidad buscaba la forma de saber un poco más de sus vidas, de acercarme a su realidad y tengo muy presente aquel día, cuando él te recomendó con especial interés a Carmenza, estaba bastante preocupado por su condiciones de salud y casi te rogó que buscaras la forma de salir lo más pronto posible de la cárcel para que te hicieras cargo de ella. Yo sabía de tu condena, de las razones por las cuales viniste a parar a este lugar, he creído sin vacilar en tu inocencia; pero también tengo claro que todavía te falta mucho tiempo para saldar tu deuda con la justicia. Así que en uno de mis días libres fui a visitar a Concepción la amiga de tu madre, que conocí hace muchos años cuando vivíamos cerca de su tienda donde acostumbrábamos comprar nuestros víveres para los gastos diarios. Siempre fue una buena mujer, un tanto solitaria pero muy espiritual y apegada a las cosas religiosas; recuerdo que nunca le cayó en gracia mi presencia y me miraba con recelo cada vez que iba a visitarnos o a llevarnos el mercado; parecía adivinar mis planes con antelación y terminó convirtiéndose en una especie de rival silenciosa que me vigilaba a distancia. Con el paso del tiempo sus presentimientos sobre mí se volvieron realidad y tengo que reconocer que su discernimiento me sacó unas cuantas canas antes de tiempo; No obstante, sabía cuánto estimaba aquella mujer a tu madre y apoyado en ese hecho me atreví a buscarla, usaba este mismo abrigo y este sombrero con el que puedo ocultar mi rostro sin dificultad; cuando entré a la tienda noté la sorpresa en su cara, me acerqué con serenidad y le dije que tenía que hablar con ella a solas, que no le comentara nada a Carmenza sobre mi visita, que confiara en mí porque esta vez iba a hacer mejor las cosas; me respondió que atendería los pocos clientes que tenía ese día y que cerraría el negocio para que habláramos con más tranquilidad y evitáramos que alguien más me reconociera.

Conversamos por horas, le conté toda mi historia y al final le pedí un favor que no ha dejado de hacerme desde esa ocasión; tenía que recibirme en su tienda una vez al mes para entregarle un sobre con gran parte de mi sueldo, dinero que usaría para llevarle a Carmenza víveres de su tienda, pagar los servicios públicos de la casa y costear las terapias que una enfermera le hacía para mejorar el problema de movilidad de sus piernas. Tu madre jamás debía enterarse de mi colaboración; para disipar sus dudas, Concepción le diría que algunos vecinos que deseaban mantener sus nombres en reserva se habían solidarizado con su causa, dejando algunos aportes en su tienda. Sé que suena un tanto absurdo que no quiera enterar a tu madre de mis buenas intenciones, pero tengo mis razones para actuar de esa forma y te pido por favor que las respetes; quizás algún día me anime a confesarle todo sin contemplaciones, pero creo que todavía no ha llegado el momento apropiado para reaparecer en su vida de una forma tan abrupta. Si me animé a contártelo es porque quizás al enterarte de mi minúscula acción vas a tranquilizarte un poco; sé que te agobia la promesa que le hiciste a tu hermano, puedo presentir tu agotamiento mental por martillar una y otra vez la misma idea , así que quise quitarte un poco de presión hablándote de mi secreto.

Debes saber que no voy a desamparar a tu madre, seguiré velando por ella y esa decisión no cambiará ni siquiera cuando recuperes tu libertad y te hagas cargo de sus gastos; esta es una deuda que necesito saldar a mi manera, una puerta que dejé abierta en el pasado y que solo cerraré el día que me muera por elección propia. Carmenza siempre fue una mujer valiente, entregada a su hogar, fiel a su amor por mí , con la convicción inamovible de respetar el juramento que me hizo en la iglesia el día de nuestro matrimonio, incapaz de fallarme so pena de mis acciones fuera de lugar y de las constantes decepciones que le causaba sin remordimientos de conciencia; nunca me dio motivos para sentir vergüenza pues su comportamiento de señora la acompañó hasta el último segundo que vivimos juntos y he descubierto que su conducta se conservó intacta a pesar de mi ausencia; no te imaginas cuánto lamento haber abandonado a la única mujer que me amó de verdad, por ir en busca de cosas que ya tenía a manos llenos en mi casa , que no vi en su momento y que me impidieron valorar todo lo que me rodeaba. Pero la vida se encargó de entregarme con intereses las consecuencias de mis desaciertos y muy tarde entendí que a veces Dios nos entrega el proyecto de un paraíso para que terminemos de construirlo y seamos felices, más los seres humanos nos empeñamos en ver basura en las bendiciones que recibimos y echamos por tierra lo que heredamos o conseguimos a lo largo de nuestra existencia. Abandonar a mis dos hijos castró mi ideal de disfrutar sin restricciones mi libertad, pues el recuerdo de ustedes crecía todos los días atiborrándome de imágenes difusas, de palabras balbuceadas que me llevaban arrastrando y a tirones a sus primeros años de vida; nunca pude desligarme de sus travesuras, de sus primeros pasos, de sus primeros tropezones, de su ropita tendida en una cuerda del patio para que el sol les quitara la humedad. He desempolvado muchas veces mi biblioteca de momentos vividos y me sorprende encontrar todavía el sonido de su tierna voz llamándome "papito", siempre se abalanzaban sobre mi cuando llegaba del trabajo cansado y con mil cosas en la cabeza y con su actitud espontanea lograban robarme una sonrisa; era común cambiar el mantel del comedor cada vez que cenábamos porque hacer regueros era su costumbre y a tu mamá y a mí nos gustaba que cenáramos juntos aunque estuvieran tan pequeños y necesitáramos poner 2 o tres cojines sobre la silla para que pudieran alcanzar la mesa. Tú siempre fuiste callado, te costaba trabajo hilar las palabras; mientras que Carlos Julio hablaba más de la cuenta y destruía todo lo que encontrara a su paso. Los dos eran opuestos en muchas cosas, pero disfrutaban mucho jugando juntos con los pocos regalos que les comprábamos en navidad; compartían el mismo cuarto y eso les generó conflicto cuando empezaron a crecer y reclamaban más independencia. Me emocionaba como nadie con la fiesta de fin de año y me ocupaba de comprarles ropa nueva para estrenar al día siguiente, les compraba dulces y nos quedábamos juntos toda la noche hasta que la luz del día nos vencía; hacíamos siempre las mismas cosas pero

175

no nos importaba porque éramos felices y tal vez no te acuerdas de todo eso, estabas muy pequeño; pero en la casa deben haber algunas fotografías a blanco y negro que te contarán de esas experiencias que no han dejado de alimentarme. Nunca me fui hijo mío, yo me quedé con ustedes aunque viviera en otro lugar, les he pertenecido siempre aunque en sus mentes me convertí en un extraño y como te dije antes no busco que me perdones o que comprendas mi forma de actuar solo deseo que me des una oportunidad para acercarme a ti...

(Estoy sorprendido con la historia pero no le permito a mi cara que se lo haga saber; sigo con mi actitud de indiferencia, negándome a aceptar sus argumentos que eran demasiado dulces para mi gusto; pronto amanecería y mi padre sin recibir una respuesta positiva de mi parte se aleja con premura, pues en pocas horas inicia su jornada laboral y debe evitar a toda costa que lo sorprendan).

178

XI

El sol empieza a brillar

Lo que transcurre después del encuentro con mi padre no es tan idealista y predecible como se podría suponer; para mí no es sencillo aceptarlo, después que su ausencia ha dejado tantos huecos en mi interior, que no puedo llenar de un momento a otro con sus extensas explicaciones. Seguimos dialogando esporádicamente después de la media noche, cuando los pasillos están solitarios y el silencio se reúne a hacernos compañía; es un alivio ir a la cafetería sin sentirme perseguido, recibir a mi madre las pocas veces que viene a visitarme sin advertir esa sombra escurriéndose entre los rincones, quitándome la calma y sofocándome con un temor que no podía entender. Ahora mi estadía en la cárcel se hace más tolerable y puedo disfrutar sin zozobra mis talleres de zapatería, mi labor como tutor y mis charlas con Griselda y Gonzalo; a quienes les agradecí en su momento por haberme apoyado en secreto, sin condiciones y sin pedir nada a cambio. Me queda claro que he encontrado dos amigos en un mundo donde la posibilidad de hallarlos es irrisoria; así que aprovecho al máximo las oportunidades que tengo de compartir con ellos, pues en poco tiempo Griselda cumplirá su condena y a Gonzalo le quedan pocos años para volver a libertad. Estudiamos la biblia y puedo afirmar que la leímos por completo, le prestamos especial atención a los salmos porque parecen oraciones escritas para leer en diferentes circunstancias de la vida; aprendí que el salmo 91 es el salmo de protección y de repetirlo tantas veces, finalmente se ha quedado en mi memoria y puedo invocarlo en cualquier momento sin necesidad de buscarlo en el libro sagrado; seguimos leyendo el pasaje de Corintios en memoria de Indira y después de mucho tiempo empiezo a entender el significado de las palabras estampadas en esa página; comprendo que llegar a amar a ese nivel no es sencillo, despojándose del egoísmo y aplastando nuestro ego que juega a la par con nuestro orgullo sin dejarse vencer; reconozco que debo perdonar de corazón para sanar mi alma y sentirme libre de la prisión que yo mismo me impuse y le pido a Dios sabiduría y fuerza interior para luchar contra los sentimientos negativos que aún están adheridos a las paredes de mi existencia como parásitos que no quieren irse. Sé que esa batalla no la ganaré de la noche a la mañana ,pero me propongo enlistar mi ejército personal de buenas intenciones para hacerle frente a ese nuevo desafío; de pronto me descubro como un ser distinto y Dios empieza a responder a mis plegarias, cuando una tarde después del almuerzo me llaman a la dirección de la cárcel para darme una respuesta sobre mi solicitud de rebaja de penas; por fin habían estudiado mi requerimiento y esta vez me lleno de optimismo antes de cruzar esa puerta donde me encontraré frente a frente con mi cambiante destino; en cuanto entro a la oficina, el director de la cárcel me mira con un aire de sarcasmo ; es un hombre de baja estatura, gordo, calvo y usa tirantes elásticos para sostener sus pantalones, nunca está de buen humor y con su voz fuerte y retumbante me dice: *"Tuvo suerte Aníbal Contreras le concedieron una rebaja de 5 años y 8 meses, en este sobre va a encontrar los pormenores y la resolución, tuvieron en cuenta su buen comportamiento, su participación en los talleres de zapatería y su labor como tutor".*

Por poco me desplomo cuando escucho eso, mi corazón late tan fuerte que siento los latidos hasta en las puntas de los pies empujando mi sangre a una velocidad irracional; con algo de dificultad corro a contarles la buena nueva a Gonzalo y a Griselda que todavía están sentados en la cafetería; por obvias razones la celebración es mesurada pero encuentro en ellos una válvula de escape para darle rienda suelta a mi felicidad; nos abrazamos y esos abrazos magnifican mi momento de gloria, nunca antes me había sentido tan feliz, salvo en esos instantes que estuve cerca de Mirtha. Con mi padre las cosas son distintas, se lo hago saber esa misma noche cuando nos encontramos en mi celda; él está tan feliz que su voz se quiebra diciéndome "Felicitaciones Hijo" empero, yo sigo sin poder acercarme, mi rencor continua ganándole la partida a mi intención de perdonarlo y creo que tal vez , solo necesito tiempo para sanar mis llagas internas, mis heridas que sangran sin que nadie lo note y le permito seguir acercándose sin reproches mientras el dolor mengua poco a poco; después de todo se trata de un proceso que no libraré fácilmente pero mi intención de resolverlo de forma positiva se intensifica a medida que pasan los días.

Es hora de enfocar todos mis esfuerzos hacia la consecución de mis metas, debo trabajar con más entusiasmo, con más energía para que el mundo exterior no me tome por sorpresa cuando salga de aquí; estaré atento a participar en dos conferencias donde hablarán del marco técnico normativo para crear microempresas, lanzamiento de nuevos productos, finanzas básicas y técnicas en ventas; tengo claro que algún día seré el dueño de mi propio taller de zapatería y seré tan exitoso que me daré el lujo de darle empleo a muchas personas que lo necesitan, mejorando su situación económica. Sí, así como lo oyen, sé que suena muy optimista, pero por fin estoy atreviéndome a soñar, a esperar, a creer que puedo tener una vida mejor cuando recupere mi libertad; al fin y al cabo todos tenemos derecho a recoger cosechas y no voy a conformarme con seguir siendo la tierra donde los demás siembran sus ilusiones; ahora yo disfrutaré de los frutos como lo hacen los demás; quiero ofrecerle una mejor vida a mi madre y cumplir una a una todas mis metas ¿Cómo lograré todo eso? trabajando mucho, esforzándome y poniéndole un sello personal a todas las cosas que haga de ahora en adelante por más simples que parezcan. Por primera vez tengo objetivos y no voy a correr el riesgo de dejarlos en manos de nadie, pues solo yo conozco la esencia de mis sueños y soy el único que puede invertir toda la energía en volverlos realidad sin demoras. Estos años que he estado encerrado en este lugar me han enseñado que en ocasiones el mundo es bastante ingrato y hasta injusto, pero debemos abogar por una oportunidad que nos permita enderezar nuestro camino, enfilar de nuevo nuestros objetivos y empezar otra vez de ceros. No importa que ya no seamos adolescentes y no sintamos ese mismo impulso de dinamismo y agilidad de esa época; es importante apropiarnos de quienes somos, con nuestras ventajas, limitaciones, virtudes y defectos para hacerle frente al mundo; para demostrarles a quienes no creían en nosotros que fuimos más allá de sus conceptos preconcebidos, que traspasamos la puerta de la adversidad y fuimos más fuertes que todos los impedimentos que le ponían freno a lo que queríamos conseguir.

Esta imposibilidad de volar que me perturba desde hace tanto, no ha sido capaz de tirar por la borda mis ilusiones y a pesar de estar atrapado en estas paredes de concreto, en medio de estas rejas que pretenden cortarme las alas hasta dejarme minusválido de ideales, de proyectos; no he dejado de luchar y mi cuerpo no se mueve como antes temeroso en este encierro, ha empezado a encender su llama interior, ha encontrado un camino de regreso para rescatar su propia alma, heredándome una serenidad que no conocía.

Soy más consciente de mi papel en la sociedad y deseo ser un miembro activo que ayude a las personas que tiene alrededor dándoles un buen consejo, conduciéndolas por el camino correcto cuando sus actos los están lanzando al precipicio, exteriorizando mis puntos de vista, mis experiencias personales, mi propia fatalidad; para que otros se vean en mi espejo y encuentren una salida a sus problemas. Ya no quiero ser un estorbo, ahora deseo convertirme en un ejemplo positivo, en una muestra viviente que exteriorice abiertamente y sin filtros que es posible salir del fango aunque nos encontremos sumidos en el hasta las pestañas. Aquí he aprendido a valorar hasta las cosas más insignificantes de la vida: Un rayo de sol que nos ilumina lo merezcamos o no, la compañía de un amigo, la comida que nos prepara alguien con amor y que no apreciamos, la tranquilidad de dormir en una cama cómoda , la bendición de dormir sin pesadillas, la libertad de ir donde uno quiera sin rejas de por medio, caminar sin sentirse vigilado, ver las estrellas desde un campo abierto, sentir la lluvia sobre el cuerpo, escuchar el bullicio de la calle, ver niños jugando en el parque, festejar mi cumpleaños, hablar sin prevenciones, moverme sin miedo, creer, soñar, esperar. Mi sensibilidad se ha incrementado y en vez de volverme rudo, estoy más dispuesto a escuchar los argumentos de los demás sin sentirme amenazado, a conocer a las personas sin suponer con anticipación que van a traicionarme, asumiendo con madurez las decepciones y viéndolas como ingredientes obligados de la vida que no deben limitarme sino fortalecerme en mi búsqueda de ser mejor ser humano.

Estoy listo para buscar el amor de mi vida que tiene nombre, pues mi corazón la bautizó desde el primer día que la vio aparecer en la iglesia del pueblo; quiero reconstruir los fragmentos de ese afecto que se quedaron esparcidos en el pasado, pulir sus bordes más afilados, unirlos poco a poco con las caricias que no le he dado, con las palabras que no le dije, con la pasión que yace reprimida esperando su cuerpo que no he olvidado.

Quiero ser libre para averiguar su paradero, para seguirla al fin del mundo si es necesario solo para verla; compensar cada una de sus lágrimas con mis besos , decirle sin cesar que es la mujer con la que deseo pasar el resto de mi vida, que deseo casarme con ella sin titubear, que la acepto con todas las circunstancias que rodeen su existencia en este momento sin cuestionarla y abogar por una oportunidad para mostrarle que he cambiado y que jamás volveré a ser el mismo tonto que la dejó escapar hace tantos años. Estoy contando las horas para deshacerme con su presencia, para deslizar mis dedos por su cabello sedoso, extraviarme en sus ojos que me miraban como nadie y amarla, amarla con toda la furia de esta eternidad que no la tuve.

190

XII

Un adiós a medias

El tiempo pasa tan rápido que en unos días Griselda saldrá en libertad; Gonzalo y yo nos hemos preparado con antelación para dicho acontecimiento, queremos despedirla como se merece; ya le pedimos permiso al director de la cárcel para cortar unas cuantas flores en el jardín y armarle un ramo con nuestras propias manos; no fue tan difícil lograr una respuesta positiva, dado que Gonzalo es el encargado de cuidar las plantas que se encuentran alrededor de dicha penitenciaria y su labor le ha merecido muchos reconocimientos. Acordamos con la ayuda de mi padre que el almuerzo del día de su despedida sería un poco distinto y con la complicidad de uno de nuestros tutores, buscaríamos la forma de conseguir una torta de arándanos que era su favorita; todo con el fin de sorprenderla, festejar su felicidad y manifestarle nuestro cariño.

El día llega y esa mañana le ayudamos a recoger las cosas de su celda, luego de obtener un permiso especial por parte de la dirección de la penitenciaria, dado que era su último día en la cárcel; leemos la biblia para darle gracias a Dios por la nueva vida que emprende nuestra compañera, leemos algunos salmos y el pasaje de corintios que nunca puede faltar.

Griselda es una mujer distinta a la que recuerdo cuando hablamos por primera vez, abandonó la idea de aclarar su cabello y ahora luce un look mucho más natural que la hace lucir realmente hermosa; ya nos ha dicho que lo primero que hará al salir de aquí será buscar a sus padres con quien tiene muchas deudas pendientes, quiere inscribirse en la universidad para terminar su carrera y encontrar ese hombre para envejecer que estará esperando por ella en cualquier esquina del universo.

Pactamos no perder el contacto y tendremos una que otra oportunidad para vernos, cuando ella traiga sus obras para exponerlas en alguna de las ferias de arte que organiza la cárcel internamente;

es una amante de la pintura y esa pasión seguirá creciendo sin cesar a pesar de su inminente salida al mundo de la libertad. Ya a la hora del almuerzo disfrutamos de un delicioso arroz con verduras y un postre de leche que tiene un toque de mi padre en alguna parte de la receta; le entregamos la torta de arándanos y como es habitual nos cuenta unos cuantos chistes de su repertorio para que las risas sellen con broche de oro aquella inolvidable celebración.

Llega la hora de despedirnos, está anocheciendo y contrario a lo que imaginaba este adiós no es doloroso, es un adiós esperanzador, pues tenemos la certeza de perpetuar nuestra amistad más allá de las circunstancias; es un hecho que vamos a extrañarla mucho y su ausencia nos motivará a esperar con alegría nuestro momento, ese momento de excarcelación que ella ya ha alcanzado.

Prosigo con mis ocupaciones y mi labor de tutor me exige más tiempo y dedicación que antes, ya que ahora me han cedido la responsabilidad de dictar mi materia en todos los cursos y si todo sale como espero pronto participaré en las horas de practica de los nuevos aprendices; donde se enfrentarán cara a cara con los materiales y las maquinas, donde tendré la oportunidad de contarles que ese mundo de pegantes y cueros se ha convertido en el redentor de mi soledad y gracias a ello, un día no muy lejano tendré en el mundo exterior mi fuente de sustento y me convertiré en el mejor zapatero del mundo. Quiero que amen su profesión; para nadie es un secreto que la mayoría de las personas la consideran humilde y poco agradecida por lo demandante, pero yo encontré en esa actividad la oportunidad de remendar mis propios retazos , de coser mi corazón que estaba disperso con mil fragmentos desunidos y distintos, de pegar mi alma a los sueños, de caminar con suelas nuevas todos los días aunque me sintiera descalzo por dentro y aprendí a reconstruir y crear esperanza a mi alrededor de la misma forma que reconstruyo y creo zapatos. Con seguridad no seré un zapatero más, yo ayudaré a enmendar el camino equivocado de cualquier persona que conozca, a través de mis acciones o de un consejo; después de todo seguiré el mismo ejemplo de Concha, esa mujer que critiqué tantas veces y que tildaba de rezandera; ella gastó gran parte de su tiempo dirigiéndome por la senda correcta y aunque nunca la escuché, he entendido finalmente qué era lo que pretendía con su insistencia y espero tener tiempo suficiente para agradecérselo.

Con mi padre sigo en el proceso de sanación y no sé por qué ha resultado tan difícil ablandar mi orgullo y mi dolor con la suavidad de sus palabras y su claro arrepentimiento; seguimos hablando, intentando ponernos al día con nuestras cosas y hemos corrido con mucha suerte porque no nos han sorprendido; ahora Gonzalo es la única persona que conoce nuestro vinculo y eso me da mucha tranquilidad porque es un hombre reservado y no le contara a nadie más del asunto.

Mi madre ya no viene a verme con frecuencia por su enfermedad y las pocas veces que la he visto me he dedicado a hablar de todo, de todo menos de mi padre; porque respetaré la promesa que le hice y le daré plena libertad para que resuelva sus cosas a su manera; tengo que reconocer que en el fondo estoy muy agradecido con él aunque nunca se lo he dicho, porque ese dinero que le hace llegar a mi mamá a través de Concha ha resultado ser una verdadera bendición; gracias a esa colaboración mi mamá ha podido sobrellevar su enfermedad con buenos medicamentos y con dignidad, quitándome de encima la angustia de estar encerrado y no poder colaborarle. Creo que después de todo no es un monstruo tan malévolo como yo lo pintaba y detrás de sus errores hay un hombre con ganas de corregirlos y de abrirle la puerta a su lado más positivo.

Los años continúan su ritmo acelerado y ahora estoy despidiendo a Gonzalo; ha cumplido su condena y a mí me queda poco tiempo para salir de la cárcel, han llegado los buenos tiempos y tal cual como pasó con Griselda compartimos un adiós a medias con la promesa de continuar alimentando nuestra amistad fuera de este infierno.

Pronto estaré afuera y dedicaré estos últimos meses a ordenar todavía más las cosas en mi cabeza, a pulirme como zapatero y a cazar almas enfermas a través de mis tutorías para sanarlas sin aspavientos; por fin le he encontrado sentido a mi vida después de tanta búsqueda y ese hecho me impulsa a luchar por alcanzar mis metas sin desfallecer, a actuar con más consciencia pues todo acto conlleva su consecuencia y yo me ocuparé de dejar marcas positivas en todo ser humano que toque mi existencia en algún sentido.

Ya he vivido la etapa del caos, del desorden, del vicio y después de tantos años de abstinencia me declaro un hombre libre de corrupción, lúcido y con el control total de mí mismo; ya no siento la necesidad de ahogarme en el alcohol para escapar de la realidad o de drogarme hasta casi perder el sentido para ignorar mis problemas o mis carencias como ser humano.

Ahora me reconozco como un hombre con virtudes y defectos, con luces y sombras, con miedos y luchas, con la firme decisión de cambiar mi propia historia y escribirla en páginas de papel limpias y distintas a las que utilice en el pasado. Aprendí la lección y agradezco esta prueba tan difícil que he tenido que afrontar, porque encontré el sendero correcto que me guiará hacia el éxito; me hacía falta conocerme, aceptarme, perdonarme y valorar mi existencia; estamos aquí por un propósito y gracias a Dios yo he descubierto el mío y eso me hace sentir productivo y esencial.

Ya no me daré el lujo de desperdiciar ni un solo segundo de mi existencia agregándole basura a mi cerebro y pensando de forma negativa; en lugar de eso dirigiré toda mi energía hacia cosas más productivas que me generen crecimiento y superación, pues aspiro a llegar a anciano con más sabiduría que dinero en mis bolsillos.

200

XIII

La jaula abre sus puertas

Llega la hora de salir de este lugar que fue testigo activo de mis vivencias por una pequeña eternidad; ya el director me hizo llegar la notificación de mi salida y una felicidad desconocida me recorre por completo. Es una mañana distinta y puedo imaginarme el sol brillando allá afuera y la brisa jugando con los árboles, meciendo sus ramas y ventilando los nidos que algunos pájaros han puesto allí por casualidad.; con una sonrisa pintada en la cara me dirijo a tomar una ducha y me miro por última vez en aquel espejo que está ubicado justo a la entrada y que solo permite observar la mitad de mi cuerpo; entonces veo un hombre maduro, con unas cuantas canas en la tercera parte de la cabeza, con arrugas marcadas en las comisuras de los labios, en los bordes de la nariz, en el ceño y en la frente. Descubro con algo de sorpresa que mi cuerpo no es el mismo de antes, ha cambiado mucho y ahora tengo unos cuantos kilos de más que me agregan más años de los que tengo en realidad , mi cabello ha perdido su brillo y tiene los rizos un tanto enredados porque siempre he sido enemigo de peinarme. Es innegable que los 42 años que cumplí hace poco se notan y se notan bastante en mi apariencia física; aunque mi alma es apenas un bebe con ganas de gatear en el piso de la tolerancia , de aprender, de descubrir, de conciliar, de enriquecerse con tesoros que no pueden comprarse con dinero. Estoy listo para enfrentar lo inesperado, para recibir con los brazos abiertos mi destino y ese mundo exterior que terminó convirtiéndose en un extraño sin identificación; me siento más preparado para confrontarlo con otras armas y ganarle la batalla a las circunstancias intrincadas que se presenten sin previo aviso.

Me dirijo por última vez a mi celda y empiezo a empacar las pocas cosas que tengo; la biblia que heredé de Indira, su álbum de fotografías, una pintura al óleo que me regalo Griselda, una correa de cuero que me dejó Gonzalo de recuerdo, mis notas, mis cartillas y mi cepillo de dientes; guardo todo en una caja de cartón que me regalaron y me apresuro a salir de allí en un arranque por desligarme de una vez por todas de esta jaula gris que me mantuvo preso y que finalmente abre sus puertas para dejarme salir y volar en libertad.

Como un apetito de última hora, siento la necesidad de ir al patio donde acostumbraba ver los pocos rayos de sol que se colaban a través del agujero en el techo y que lograban calentar mi alma solitaria; hoy la sensación es distinta, porque al fin podré ver el sol de frente sin temor y me abrigaran sus hilos de oro por completo en cuanto cruce esa puerta enorme y de hierro forjado que me dio la bienvenida cuando llegue a esta cárcel hace más de 12 años. Hago un recorrido en círculo con mis ojos antes de continuar, para descubrir dónde está mi padre y lo encuentro en uno de los pasillos que conducen a la salida ,observándome como siempre con una sonrisa, pero sin poder acercarse; nos miramos y comprendemos que no importa que no podamos abrazarnos en ese instante , pues ya habíamos tenido la oportunidad de despedirnos la noche anterior cuando vino a mi celda después de la media noche ; ya acordamos estar en constante comunicación y lo haremos en sus días libres para evitar que pierda su trabajo. Respiro profundo y camino hacia la puerta; por fin estoy libre, siento la brisa atropellándome el rostro y ese soplo de vida me habla de la bendición de estar vivo, le doy gracias a Dios en silencio por concederme la dicha de empezar otra vez, de reconstruir mi mundo que antes no me importaba y me preparo para regresar a la casa de mi madre, no hallo las horas de abrazarla y decirle cuanto la amo; es insólito pero esta libertad tiene un sabor distinto, no la celebro con la efusividad que debiera porque ya me la había ganado desde hace mucho tiempo dentro de esta prisión y en medio de rejas, cuando escapé de mis propios demonios y mi alma cortó las cadenas que la mantenían sometida y atemorizada. Quizás este sería el mejor escenario para terminar mi historia, pero aún me falta recibir la mayor sorpresa de mi vida y ni yo mismo me imagino de qué se trata.

XIV

Fabricando ideales

Pronto descubro que estar en libertad es maravilloso pero también es aterrador por todas las cosas nuevas con las que me enfrento a cada hora; el reencuentro con mi madre es maravilloso, inolvidable, intenso y he disfrutado de su compañía, de sus conversaciones y de esas delicias culinarias que me prepara con esmero desde que llegué a casa. Estoy ocupando el mismo cuarto que compartía con mi hermano, donde se conservan intactas todas sus cosas, su cama tendida, sus afiches de automóviles marca FORD pegados en la pared y en la mesita de noche yace una imagen de Jesús, una fotografía de Carlos Julio, una vela que está encendida gran parte del día y un rosario. Desde el primer instante que entré a ese lugar sentí que le hacía falta algo muy especial a esa especie de altar que mi mamá le hizo a mi hermano; entonces, para que luciera completo y tuviera algo mío , puse la biblia que traje de la cárcel para leer con frecuencia algunos pasajes de ese libro sagrado; nada me produce más serenidad que adentrarme en los versículos de algunos salmos que parecen estar escritos para mí y que responden gran parte de mis dudas sobre temas profundos y trascendentales. Disfruto mucho mi cama, se me había olvidado el olor a flores que siempre emanaba de los tendidos, gracias al suavizante que mi madre ha usado toda la vida para perfumar la ropa; evoco mis días de infancia con frecuencia y me río a solas recordando las discusiones absurdas que teníamos en esa época con Carlos Julio a puerta cerrada y sin la intervención de nadie. Era común enfrascarnos en peleas tontas por un juguete que no aparecía, por desordenar sus cosas que desde niño mantenía en perfecto orden, por no apagar la luz, por encenderla; en fin cualquier cosa era suficiente motivo para armar una gran batalla. Ahora comprendo que todo eso hace parte de la vida y mi vida no tiene que ser como la de los demás para ser fabulosa y especial; la pequeña ventana del cuarto permanece siempre abierta y en las noches el aire fresco mueve con sutileza una cortina de velo en la que me concentro hasta conciliar el sueño movido por pensamientos más sanos; al fin el insomnio se ha evaporado dándole espacio a noches de descanso profundo y sin interrupciones. Es innegable que la tranquilidad de estar en casa me reprogramó el cerebro y de paso ha recargado las pilas de mi optimismo; pero tal cual como lo planeé antes de salir de la cárcel, me tomo unos días para reencontrarme con mi mismo, con mi historia, con mis raíces, con mi madre, con los recuerdos; no he salido a la calle pero lo haré muy pronto cuando me sienta listo.

No es fácil enfrentarse de lleno al ruido exterior cuando pasé tantos días inmersos en horas iguales, en silencio, rodeado de la misma gente y enclaustrado en un mundo tan desprovisto de aventura y sorpresa.

Con urgencia necesito sobreponerme a eso y empezar a trabajar cuanto antes para colaborarle a mi madre; me espanta aceptar que no tengo un solo centavo en el bolsillo, que en ningún banco van a autorizarme un préstamo dadas mis condiciones de ex presidiario ; sin embargo no me dejo vencer por mis fantasmas, sé que soy un buen zapatero y encontraré una forma de montar mi taller a como dé lugar , para poder ir en busca de Mirtha cuando tenga una situación económica más estable; estoy seguro que si lo hago antes, correré el riesgo de cometer los mismo errores del pasado y esta vez quería presentarme ante ella como un hombre maduro y responsable; lejos estaba en ese instante de imaginarme la sorpresa que me guardaba el destino .

No sé por dónde empezar y de pronto como una iluminación divina viene a mi cabeza la mejor idea que se me podía ocurrir: "Montar una microempresa con ayuda del gobierno" , ya en la cárcel había participado en dos conferencias donde dieron todas las pautas para crearla con éxito y también nos indicaron qué entidades gubernamentales estaban autorizadas para desembolsar dinero en calidad de préstamo a los ciudadanos a los que se les autorizaran sus proyectos ; eso sí con la condición de devolver esos aportes a la mayor brevedad posible cuando el negocio empezara a progresar.   Solo necesitaba pasar un proyecto a la alcaldía del pueblo y esperar quince días hábiles para recibir una notificación con una aprobación o una negativa y tenía que asumir el riesgo ¿Qué podía perder? Llegó la hora de deshacerme del miedo y aferrarme a la esperanza; entonces ocupo todo mi tiempo estudiando nuevamente los folletos que me entregaron en las conferencias , donde están consignadas todas las pautas para crear un proyecto, las recomendaciones y algunas claves de expertos que me guiarían paso a paso rumbo a mi sueño; ya no tendré un pequeño taller sino un negocio mucho más próspero y consolidado, pues si aceptaban mi solicitud también me ayudarían con la negociación de las máquinas de zapatería que necesitaba, garantizando un mejor producto final.

Después de muchos días de trabajo sin descanso, por fin tengo mi proyecto listo y hoy voy a radicarlo en la alcaldía del pueblo para su correspondiente estudio; estoy seguro que lo van a aprobar y tendré la dicha de celebrar esa noticia junto a mi madre que se merece solo momentos felices; a mi padre aún no le he comentado nada en las contadas ocasiones que lo he visto en la tienda de Concha porque deseo darle la sorpresa cuando todo sea un hecho. Aprovecharé estos quince días que estaré esperando una respuesta para averiguar por mi propia cuenta que ha pasado con Leonel y Saúl; considero muy conveniente reencontrarme con ellos justo en este momento que las circunstancias han cambiado de manera sustancial para cada uno de nosotros.

Empiezo mi búsqueda con Leonel, pero creo que se lo ha tragado la tierra, no hay señales suyas por ningún lado y las personas que conocíamos en común no saben nada de su paradero; su esposa al parecer se ha ido del pueblo a vivir con sus padres al extranjero, cansada de lidiar con un divorcio que se convirtió en un proceso extenso y agotador.

Por un momento me siento perdido, todo luce tan distinto que me cuesta trabajo reconocer los lugares a los que íbamos juntos a divertirnos; muchos de los negocios están cerrados y otros han cambiado de actividad, las calles no son las mismas de antes , la gente me mira con desconfianza y algunos me señalan con el dedo mientras camino; pienso que es una reacción natural después de pasar por la experiencia de la cárcel, en el fondo todos siguen percibiéndote como un delincuente y sería muy fácil acostumbrarme a esas actitudes , si no fuera porque mi autoestima se está levantando de entre el polvo contagiándome de confianza.   Ya no camino con la cabeza agachada y enfrento las miradas inquisidoras con un ímpetu distinto que no conocía y que estoy estrenando hoy; me gusta saborear esa sensación de rareza que provoco en los demás y lejos de sentirme intimidado lo asumo como una ventaja enorme, pues nadie se detendría a mirarme y a criticarme si fuera un ser sin importancia y si lo hacen es porque no soy un hombre cualquiera como pensaba. Sigo averiguando por Leonel y después de muchas horas y varios días de interrogar a cuanta persona se me cruza en frente , llego a la triste conclusión que es inútil continuar con mi búsqueda; mi amigo se esfumó sin dejar huellas y tendré que conformarme con administrar todos esos momentos que vivimos juntos para que no se extingan como él; recuerdos buenos y malos, situaciones complejas y divertidas, fallos y aciertos; después de todo una parte suya me acompañará el resto de mi existencia y yo me ocuparé de llevar conmigo la más agradable de todas para no desgastarme en lamentaciones o quejas estériles.

Cambio de rumbo y siguiendo las indicaciones de mi madre voy en busca de Saúl y su puesto de verduras; al parecer se ha mudado a un local más grande a las afueras del pueblo pues la demanda de sus clientes así lo exige. Era el único que vendía productos 100 % orgánicos, libres de químicos y fertilizantes y esa característica hizo que su negocio se convirtiera en uno de los más prósperos de la región.

Me estoy acercando y desde lejos diviso un tumulto de personas agolpadas en los estantes que están atestados de verduras frescas; como puedo entro al local que emana un delicioso aroma, la limpieza es la carta de presentación del lugar y está tan bien organizado que es un verdadero placer estar allí; le pregunto a uno de los compradores dónde está Saúl y él me señala una pequeña oficina ubicada en la parte más distante del sitio, que irónicamente permite tener la visibilidad completa del local dada su fabricación con paneles de vidrio templado. Me tomo unos cuantos minutos antes de acercarme más, pues todos los recuerdos de esos años de irresponsabilidad y de excesos empiezan atropellar mi cerebro, por un momento regreso a aquella época cuando me importaba muy poco lo que pasara conmigo y con el planeta entero, viviendo por inercia y comportándome peor que una planta que no razona ni puede reaccionar. Vuelvo a la realidad y después de tomar aire con fuerza para controlar mi nerviosismo camino hacia la puerta y toco en dos ocasiones; a través del vidrio puedo ver a un hombre mayor sentado en un escritorio de madera con la cabeza cubierta de canas; su complexión es gruesa y esta vestido de manera impecable con traje y corbata; su secretaria, una rubia alta de ojos claros y muy delgada me abre la puerta y después de saludarme me pregunta si tengo cita; yo le respondo que no, pero me presento ,digo mi nombre en voz alta y de manera instantánea el hombre en el escritorio se levanta y se dirige hacia donde yo me encuentro.

De repente, sin mediar palabra me abraza con fuerza y me invita a pasar; no puedo evitar sorprenderme por su cambio físico y al cuestionarlo sobre el tema, Saúl me comenta que por genética en su familia todos los hombres pierden la pigmentación de su cabello a temprana edad y al parecer no pudo escapar de esa particularidad; nos tomamos un café mientras conversamos y nos ponemos al día sobre todo lo que nos ha pasado ; le pido perdón por no haber sido un verdadero amigo, le cuento de mi experiencia en la cárcel, de mi proyecto de montar una microempresa, de mi cambio de vida y él a su vez me comenta sobre sus padres que continúan bajo su cuidado, su madre perdió la memoria y su padre le ayuda de vez en cuando con el manejo del dinero, pues su habilidad para los negocios se conserva intacta; nunca se casó , pero encontró una mujer con quién compartir su vida lejos de aquí y solo se ven algunos fines de semana cuando sus ocupaciones le permiten viajar a visitarla; se alejó por completo del mundo de las adicciones gracias a que ingresó a un grupo de apoyo para drogadictos y alcohólicos que lo ayudaron a superar sus problemas. Aprovecho la ocasión para preguntarle por Leonel y él aclara mis dudas; nunca superó sus problemas de alcoholismo y agobiado por sus deudas y sus problemas familiares desapareció del pueblo sin dejar rastro; a la familia no le gusta que le toquen el tema y su esposa está en el extranjero tal cual como mi madre me había dicho. En medio de nuestro dialogo me entrega algunos libros sobre manejo de clientes e innovación de producto que lo ayudaron a enfocar mejor su negocio; se interesa mucho por el tema de la microempresa y me ofrece su apoyo económico para iniciar mi fábrica de zapatos. Me deja saber que fue muy difícil arrancar de ceros con su local de verduras, sin apoyo, sin dinero y sin la más remota idea sobre hortalizas; empezó prestando poco dinero a las personas que conocía y compraba pequeñas raciones para no endeudarse demasiado y asegurar el pago de las cuotas de sus pequeños créditos; no fue fácil ganarse la confianza de las personas y me confiesa sin vergüenza que muchas veces pasó hambre junto a sus padres porque sus ingresos eran irrisorios y no le alcanzaban para comprar alimentos, escasamente podía pagar el cuarto donde vivían y los servicios. Esa experiencia le permitió reencontrarse consigo mismo, aprendió a valorar las cosas más sencillas, a concientizarse que para alcanzar los sueños es necesario sacrificarse y esforzarse, pues el éxito no es gratis y debes luchar a diario por conseguirlo. Hoy en día es un hombre útil para la sociedad y en su local le brinda la oportunidad de trabajar a muchas personas de escasos recursos que antes no creía que existieran, dado que en su mundo de lujos no había lugar para la pobreza; ha dejado de expresarse con desprecio de las clases menos favorecidas, se identifica con sus necesidades y apoya cualquier obra social que se le presente sin excepción; no cabe duda que superó gran parte de los errores del pasado, es mejor hijo, mejor amigo, mejor persona, vive en un barrio popular y sigue regalándole verduras y frutas a los mendigos que se acercan a pedirle, pues nunca ha olvidado que una vez fue como ellos y perteneció a su orbe. Sin darnos cuenta se nos va el tiempo hablando de nuestras cosas y seguimos viéndonos con frecuencia para hablar de mi proyecto, pues en definitiva va a colaborarme con el arranque, no me cobrará intereses por el dinero y podré devolvérselo cuando ya esté establecido y el negocio empiece a dar ganancias reales.

Ya en casa, me dedico a devorar los libros que me prestó Saúl; cada vez me intereso más y más por el tema de las ventas, el servicio al cliente y la innovación de productos porque los aplicaré en su totalidad; tenía claro desde el principio que no tendría una microempresa pequeña y me lanzaré con todas mis armas a conquistar el mundo del calzado en todas sus formas.

220

XV

Mirca

Hace unos días llegó un sobre a mi casa donde me notificaron que debía presentarme hoy en la alcaldía del pueblo en horas de la mañana; por supuesto la incertidumbre me coge in fraganti arrebatándome la serenidad, estoy ansioso por conocer el resultado de mi solicitud y llego allí antes de la hora prevista. Quiero ser el primero en ser atendido y como las filas siempre son tan largas en la oficina de entrega de resoluciones, madrugo más que de costumbre para tener en mis manos la ficha de entrada # 1; aquí se acostumbra que un celador entregue papeles en cartulina con un número impreso a medida que van llegando las personas a la oficina, así asegura mayor control sobre los turnos y evita aglomeraciones. Me tomo un café mientras espero y hablo con algunas personas en la fila para que el tiempo no pese tanto; a las 8 en punto me llaman y temblando de pies a cabeza paso a la ventanilla para recibir mi comunicado; otra vez estoy en manos del destino y rezo en silencio para que todo salga como espero. Me hacen firmar unos cuantos papeles y me entregan una hoja con la respuesta, la leo tan rápido que lo único que entiendo es esa palabra que está justo al final "Aceptado" salgo dando saltos como un loco sin calmantes y corro a casa a contarle a mi madre la buena noticia; ella no lo puede creer en cuanto se lo digo, lleva sus manos a la cara en señal de asombro y casi sin poder gesticular una silaba se arroja sobre mí, me abraza y lo hace con más fuerza que aquella vez que acepté recibirla por primera vez en la cárcel.

No sé por qué pero siento su felicidad desbordándose por los poros como nunca antes y yo estoy fascinado con todo lo que sucede; creo que por fin cumpliré la promesa que le hice a Carlos Julio y empezaré a construir mis sueños con materiales reales.

Como es natural las siguientes semanas las dedico a hacer el papeleo correspondiente para solicitar el crédito, adquirir la maquinaria, conseguir el local, y organizar todo lo relacionado con mi fábrica. Hablo con Saúl y el pide encargarse personalmente de la compra de los primeros insumos para echar a andar mi microempresa; las cosas están marchando tan bien que por momentos siento que estoy viviendo algo irreal, luego miro cómo poco a poco mi taller empieza a tomar forma y entonces empiezo a creerme mi buena suerte. Contrato unas pocas personas para que me ayuden con la elaboración del calzado, la atención a los clientes, la contabilidad, las entregas y les hago saber desde el principio que su sueldo dependerá única y exclusivamente de cómo funcione el negocio pues no tengo liquidez para pagarles un salario; ellos aceptan gustosos porque están desempleados y ven en mi proyecto una forma de llevar dinero a sus hogares. Debo admitir que en un comienzo las cosas fueron muy complicadas, los ingresos no llegaban y los gastos se incrementaban como la espuma; pero con el paso del tiempo todo ha ido mejorando , he empezado a ganar clientes y a recibir las primeras ganancias; me he dado el lujo de llevar a mi madre a comer en el restaurante que ella elija, le he pedido que abandone la máquina de coser y a cambio de eso ahora participa en los rosarios y en las obras de caridad que organiza doña Concha con algunas amigas del barrio; mi padre sigue colaborando pero ahora le queda más dinero disponible para sus cosas personales y seguimos viéndonos con reiteración , ya no le tengo rencor y he perdonado cada una de sus equivocaciones porque es honesta su pesadumbre; eso sí sigue empeñado en no hablar con mi madre por vergüenza.

Hablé hace poco con Gonzalo y Griselda por teléfono y pronto vendrán a visitarme y a conocer mi negocio; al parecer también para ellos el sol ha empezado a brillar y eso hace que mi felicidad sea completa; con Saúl estamos más cerca que nunca y recuperar a uno de esos dos amigos que tuve en el pasado, que fueron compañeros de mi infierno y mi desorden me alimenta el espíritu; por fin Dios está de mi parte o quizás siempre lo estuvo y nunca le hice caso.

Conforme pasan los meses veo la necesidad de incrementar mi catálogo de productos y decido incursionar en el mundo de los bolsos para dama, con tal éxito que algunas tiendas de marca han empezado a interesarse en mis ejemplares y me han hecho pedidos para vender algunos en sus tiendas; ahora tengo más empleados y puedo ayudar a muchas familias que sufren limitaciones tal cual como yo las sufrí tantas veces. Todo está de maravilla en mi vida, pero me hace falta algo más para sentirme realmente útil; entonces tomo la decisión de regresar a la cárcel donde permanecí recluido tantos años y le pido al director una autorización para dictarle conferencias sobre superación a los reclusos, apoyándome en mi experiencia personal; le hablo de mi necesidad de estar en contacto con ellos, apoyarlos, hablarles de mi aprendizaje, de mis sueños ,de mi situación actual; para que se llenen de optimismo y vean que si es posible salir avante aún de la situación más extrema que pueda presentarse. El director accede con un poco de escepticismo; eso sí, sin antes aclararme que solo podré dictar una conferencia por mes por cuestiones de seguridad y de disposiciones gubernamentales; yo acepto la condición sin titubear pues lo realmente importante es compartir con mis compañeros, los llamo así porque siempre seré uno de ellos y sé con exactitud lo que significa estar encerrado entre muros de cemento, hierro y arena; he entendido que apoyar a las personas que están pasando por momentos difíciles le da sentido a mi existencia y encuentro en esa labor una oportunidad perfecta para hablarles de la palabra de Dios que he aprendido a conocer desde hace tanto tiempo. Estoy feliz con mi nueva actividad , aunque muchas personas consideran absurdo que yo disfrute regresar a un lugar que me heredó horas de tristeza e impotencia, que robó mi albedrío y me cortó las alas como a un pájaro atrapado en una jaula; pero casi nadie comprende que vivir en ese ambiente donde hay escasez de tantas cosas físicas y emocionales, me sensibilizó de tal forma que no puedo ser indiferente a la tragedia ajena ; es un hecho que una parte de mí se quedó inconforme e incompleta porque muchos de los reclusos que se quedaron allí son inocentes y otros tantos que son culpables de crímenes atroces desean una oportunidad para empezar de nuevo, enmendar sus errores y saldar sus culpas fuera de ese lugar; me apena no haber recuperado la libertad junto con ellos, me duele su angustia y sé lo que se siente cuando ves que alguien sale libre y tu hora no llega. Por eso regreso, porque de esa manera mi dolor se mitiga y esa parte de mí que está inconforme e incompleta se siente menos agobiada. También es maravilloso visitar a mi padre en su lugar de trabajo; él siempre se acerca y me escucha desde lejos cuando estoy en mis pláticas con los presos. Nuestro proceso no ha sido sencillo; pero puedo decir con vehemencia que lo he perdonado y de corazón he aprendido amarlo, porque no sabía cómo hacerlo y encontré la forma de sanar mis llagas emocionales, cerrar ciclos y aprovechar el tiempo que Dios me ha concedido para compartir con ese hombre que creía muerto.

Sé que hallé una luz al final del túnel y me extasío cada vez que observo el letrero enorme que ubique en la entrada de mi local y en el que puede leerse "MIRCA ZAPATERIA".

228

XVI

Mi recompensa

Decido que no le daré más largas a mi idea de encontrar la felicidad; creo que llegó el momento de emprender la búsqueda más transcendental de mi existencia y apoyándome en algunos datos que me concedió el secretario de educación que es uno de mis mejores clientes, salgo de viaje hacia *Botira* un pueblo que queda a 5 horas de aquí por carretera y que según cuentas es el lugar donde Mirtha ha estado trabajando como profesora hace varios años. Llego después de la media noche y me hospedo en un hotel ubicado en el centro de la plaza principal, necesito descansar un poco, controlar mi estado natural de estrés por las circunstancias y prepararme para ir a visitar al amor de mi vida a la única escuela que funciona en aquel pueblo y donde la encontraría con seguridad. No logro dormir ni un solo segundo y salgo muy temprano del hotel, desayuno algo liviano y me dirijo hacia mi destino; cuando llego al sitio veo algunos niños corriendo con sus libros y loncheras hacia la entrada del claustro quizás con algunos minutos de retraso , pero con toda la emoción de iniciar sus labores diarias. Me aproximo y observo a una mujer que los recibe con un abrazo y una amplia sonrisa; en medio del aturdimiento que me produce la impresión del momento reconozco aquel rostro que he recordado por tanto tiempo; es mi amada Mirtha, tan tierna y amorosa como siempre; es indudable que no ha cambiado su esencia y mi corazón empieza a galopar en mi interior como una caballo sin freno que amenaza con romperme el pecho, siento que enmudezco, mi respiración se torna agitada y estoy sudando como nunca antes, quizás por los nervios o por la angustia de no saber cómo va a reaccionar aquella mujer cuando me vea. Así que de nuevo me tomo un tiempo para calmarme y espero que se terminen las horas académicas para abordarla a la salida de la escuela; aprovecho el tiempo para comprar un ramo de rosas en un local chiquitico que funciona cerca de allí y de pie empiezo a descontar los minutos.

Escucho la campana que anuncia el final de las clases y entonces aparece mi visión más perfecta y anhelada; Mirtha está usando un delantal color verde oliva con el logo de la institución, tiene el cabello recogido y me sorprende reconocer que sus facciones se conservan intactas, su cuerpo mantiene la misma contextura y es como si hubiera hallado el secreto de la eterna juventud porque luce realmente fabulosa. Y como si se tratara de un libreto del destino que estamos siguiendo al pie de la letra nuestras miradas se encuentran y todo el universo parece detenerse; nos quedamos atrapados en un segundo estático, inmóvil, irrepetible que no tiene afán de reunirse con el tiempo que le está siguiendo los pasos; nos perdemos en esa mágica fantasía que nos atrapó desde que nos conocimos y sin poder evitarlo nos dedicamos una sonrisa nerviosa y tímida como lo hacíamos en el pasado.

Noto el estupor en su rostro y sin hablarle le entrego el ramo de rosas que estaba a punto de estropearse con la presión de mis manos; ella lo recibe, me da las gracias y me invita a pasar aprovechando que está en su hora de almuerzo; nos sentamos en esas sillas que usan los alumnos para recibir sus clases y me pregunta sin vacilación:

¿Qué haces aquí?, ha pasado una eternidad desde la última vez que nos vimos y creo que fuiste muy claro, cuando me dijiste que no estabas listo para enfrentar la responsabilidad de un hogar; sabias que yo quería estar contigo, que no tenía dudas, que vivía para ti y mi amor era tan grande que hubiese alcanzando para los dos, si acaso el tuyo no llegaba al nivel de entrega que yo te ofrecía.   Y ahora apareces aquí como si nada, con un ramo de rosas, pretendiendo que no ha pasado nada y con la intención de recoger todo aquello que dejaste tirado a la vera del camino hace tantos años; no has tenido en cuenta lo más importante, no soy la misma de antes, yo cambié, aprendí a vivir sin tu compañía y tuve que enfrentarme a la vida sola sin el apoyo de nadie desde que mi abuelita falleció.

Cuando te alejaste de mí, renunciaste a todo mi mundo y yo no podía quedarme ahí estancada, llorando por mi suerte y lamentándome por lo que no pudo ser; yo decidí seguir adelante, por ese motivo pedí traslado y me fue muy lejos de ese pueblo donde vivimos nuestra historia, porque necesitaba escapar de los recuerdos. Reconozco que te odié mucho cuando amarte se convirtió en una condena tortuosa, te culpé muchas veces por haberme dejado estéril de emociones, porque no he podido amar a nadie más después de ti y me quedé sin la posibilidad de volver a creer, de soñar, de sentir, de reconocer en mi esa mujer que se entregó a ti sin límites, aunque no lo merecieras; y ahora regresas... Yo no sé si siento alegría o melancolía o una mezcla de esas dos cosas que confunden de nuevo mis pensamientos ¿Por qué volviste y cómo me encontraste?...

Sus palabras cavan una fosa dentro de mí y cada una de ellas me entierra otra vez en ese abismo de culpas del que creí haber salido; entonces me armo de valor y le hablo con honestidad:

Mirtha, yo nunca dejé de amarte, te he amado desde antes que yo mismo pudiera reconocerlo y te pido perdón por todas esas lagrimas que lloraste por mi culpa, que tenían mi nombre estampado en su sabor salado y te causaron tanta tristeza; perdóname por todo este tiempo que estuve lejos de ti aunque en realidad siempre estuve cerca, pues mis sentimientos nunca dejaron de pertenecerte , he pensado en ti cada segundo que no te he visto, te he extrañado cada hora que no he estado contigo y te he añorado cada momento que no hemos estado juntos. Nunca me fui, nunca me perdiste, siempre he sido tuyo aunque los hechos me condenen y te digan en voz alta que dejaste de importarme; no es cierto mi amor, no les creas; te contaré toda la verdad y al final tu decidirás si merezco o no tu absolución...

Le cuento con lujo de detalles todo lo que ha pasado desde que nos perdimos el rastro, le hablo de mis años en la cárcel, de mi madre, de mi hermano, de mi padre, de mi microempresa, de mi apoyo a los presos y al final de una extensa conversación ella acepta volver a verme; tomo eso como una bendición no merecida, como si me hubiera ganado la lotería porque es un primer gran paso hacia mi reconquista. Sigo viajando con frecuencia a *Botira* y me genera mucha incertidumbre el hecho que nunca ha querido llevarme a la casa donde vive; siempre nos encontramos en la escuela, en una cafetería o en el parque del pueblo y se niega a responderme muchas de las preguntas que le hago con relación a su vida personal. Han pasado meses desde que la abordé por primera vez en la puerta de la escuela donde trabaja y considero inverosímil que se niegue a hablarme de todo aquello que antes me platicaba con tanta libertad; sabía desde un principio que no sería fácil recuperarla, pero estoy decido a luchar y no voy a desistir por nada del mundo hasta que ella me acepte de vuelta en su vida.

En uno de los viajes que hago para visitarla cambio los planes a última hora para sorprenderla; habíamos quedado de encontrarnos en un restaurante para almorzar a la 1 de la tarde, pero yo decido llegar media hora antes para ver si hallo algo que disipe mis dudas y me aclare de una vez por todas sus constantes evasivas; estoy tomándome un trago cuando la veo aparecer en compañía de un hombre muy joven , que la abraza con fuerza y la besa sin parar en la mejilla; al parecer se están despidiendo y un aire de furia y de celos toma posesión de mí despertándome un deseo irrefrenable de salir corriendo y olvidarme para siempre de aquella mujer a la que he amado todo este tiempo. Pero algo sobrenatural me amarra a aquella silla y no puedo moverme; sigo mirándolos sin parpadear cuando de repente miro el rostro de aquel muchacho y me descubro a mí mismo cuando tenía 23 o 24 años, la sorpresa me quita el equilibrio y por un instante siento que voy a desmayarme; no puede ser que la vida se burle de mí de una manera tan cruel, ¿Será posible que ese joven sea mi hijo? o ¿Acaso estoy viendo fantasmas donde no existen y quiero creerme algo que no es verdad en mi afán por aferrarme a lo imposible? Me quedo sentado con mis pies pegados al piso y la cabeza dando tumbos, estoy perdido en mis cavilaciones, cuando aparece Mirtha y me saca de ese estado; me saluda con cariño y me dice directamente: *"Aníbal necesito confesarte algo"* escucho eso y empiezo a temer lo peor, imagino que tal vez admitirá su gran amor por aquel hombre mucho más joven que ella y que había reconocido como mi posible hijo minutos

236

atrás; sin embargo guardo silencio mientras ella inicia su confesión:

Aníbal, no estoy sola; vivo con un hombre maravilloso que amo con todas las fuerzas de mi alma, que saca a flote lo mejor de mí y me ha devuelto la ilusión de vivir desde que llegó a mi vida; no lo planeé, no lo esperaba, ni siquiera estaba en mis planes, pero apareció en el momento indicado cuando todo mi ser abogaba por un milagro que me sacara de esa tristeza profunda en la que estaba atrapada luego de perderte y él llegó a iluminar mi cielo que había dejado de contemplar amaneceres y se mantenía nublado, oscuro y con amenaza de tormentas constantes, él fue mi punto de apoyo cuando quería tirarlo todo a la basura y olvidarme hasta de mí misma atormentada con mis problemas y la soledad; él me sacó sonrisas de un cuerpo inhabitado de felicidad , le puso magia a la monotonía y pintó rayos de sol en esa habitación fría y abandonada en la que se había convertido mi alma.

Tú no imaginas cuanto le he agradecido a Dios por haberme regalado la bendición de su presencia, por haberme recompensado con su encantadora personalidad...

Estoy deseando salir despavorido de aquel lugar, mis presentimientos eran ciertos; Mirtha está enamorada de aquel muchacho y todo dentro de mí se derrumba como un castillo de arena en época de invierno, mis ilusiones se desvanecen y me siento derrotado. Me levanto de la silla, pero ella con dulzura me pide que la escuche hasta el final y en contra de mi instinto decido hacerle caso sin imaginar el desenlace.

Lo recibí al poco tiempo de abandonar aquel pueblo donde nos conocimos y estoy hablando de nuestro hijo; sí Aníbal, así como lo oyes, eres papá de un hombre maravilloso de 21 años que heredó la mejor parte de nosotros y que pronto se graduará como abogado; su nombre es Joaquín y te oculté todo este tiempo su existencia porque en primer lugar nunca creí que volvería a verte y en segundo lugar no podía decirle que su padre había aparecido sin prepararlo para ese momento; temía que te rechazara y por eso he estado todos estos meses hablándole de ti para que el reencuentro no fuera tan sorpresivo; Perdóname por ocultarte la verdad, ojala puedas comprender en algún momento mis razones.

Entonces mi angustia se convierte en éxtasis y la abrazo tan fuerte que temo hacerle daño con el exceso de mis emociones; es increíble que algo tan hermoso este pasándome y lloro de felicidad por ese hijo que nunca creí que tendría, pero que se convierte de forma instantánea en mi motor más potente, en mi razón de vivir, en una bendición del cielo que agradezco de rodillas y hasta el cansancio, porque quizás esa era la pieza que me hacía falta para sentirme completo. En medio de mi estupor le pregunto cuando puedo verlo y ella me responde que esa misma noche, me hace una invitación a cenar a su casa por primera vez y yo no puedo sentirme más conmovido; llega la hora de la cena y Joaquín es quien me recibe en la puerta, me abraza como si me conociera de toda la vida y me dice:

"Sigue papá te estábamos esperando"...

Gracias A Dios por regalarme sabiduría y abonar a diario el jardín de mi inspiración... Gracias papá...!

Gracias a ti Nemitas, madre hermosa por estar siempre a mi lado y apoyarme en todo; sin ti no sería posible disfrutar tanto la consecución de mis sueños, porque tú eres mi fortaleza y eres ese condimento mágico que hace deliciosas todas mis recetas de vida. Gracias mamá...Te amo...!

Gracias a Alternacho que siempre está en mis pensamientos y habita en mi corazón como un adorable intruso...